ASPETTI NEGATIVI E CRITICHE DEL CAPITALISMO NEOLIBERISTA

Una intervista

A cura di Mark Harris

Apetti negativi e critiche
del
capitalismo neoliberista

Una intervista

Indice

Ho immaginato un'intervista ad alcuni noti ed attuali Autori di libri di economia, politica e sociologia la cui lettura mi ha impegnato in questo periodo.

Le risposte ai quesiti sono brani tratti dai testi di questi Autori sottolineati e pubblicati nel mio blog "Pericopi di economia" negli ultimi anni (www.pericopidieconomia.info). Il blog e', infatti, una raccolta, dei passi evidenziati, contestuali alle letture, tratti dai libri. Un collage di suggerimenti significativi, spunti oggetto di riflessione, concetti da tenere sotto la lente d'ingrandimento da non dimenticare.

L'idea di condividerli rendendoli disponibili, ha portato alla pubblicazione del blog in cui i punti di vista, arbitrariamente raggruppati per argomenti, corredati dai nomi degli Autori, dai titoli delle loro opere e dagli Editori che le hanno pubblicate, rappresentano altrettanti post.

Ho mutuato il titolo del blog "pericopi" dai passi usati durante i riti religiosi 'ritagliati' dai testi delle Sacre Scritture per isolare specifici argomenti che vogliono essere fatti oggetto di meditazione.

E' nato così' "Pericopi di economia" dalla disciplina che rappresenta la nuova religione delle nostre civiltà' avanzate in cui tutto si regge sulla fiducia (nel denaro), sulla fede (nel mercato) come nella religione tradizionale, con le sue cattedrali (le banche, le borse valori), il clero (banchieri, finanzieri) ed i riti propiziatori (il trading, il commercio). Fede nella realizzazione del sogno che il denaro porti ad una 'ricchezza' tutta da produrre.

Piu' recentemente, la forzata reclusione ai domiciliari imposta dalla pandemia di Covid-19 e la rilettura di alcuni dei post pubblicati, mi ha fatto intravedere delle tracce che suggeriscono altre diverse letture.

Aspetti negativi e critiche del capitalismo neoliberista

Una intervista

Quali sono le conseguenze e le critiche al capitalismo neoliberista succeduto ai "Trenta Gloriosi" ossia al trentennio successivo alla fine della Seconda Guerra Mondiale caratterizzato da una forte crescita di tutto il mondo?

Luc Boltanski, Eve Chiapello - Il nuovo spirito del capitalismo - Mimesis (2014)

Se e' vero che dal periodo della sua formazione il capitalismo e' cambiato, la sua "natura" [...] non si e' radicalmente trasformata; di conseguenza anche le fonti di indignazione che hanno continuamente alimentato la sua critica sono rimaste pressappoco identiche nel corso degli ultimi due secoli.

Sono essenzialmente di quattro ordini: a) il capitalismo fonte di disillusione e di inautenticita' di oggetti, persone, sentimenti e piu' in generale del genere di vita che gli e' associato; b) il capitalismo fonte di oppressione, poiche' si oppone alla liberta', all'autonomia e alla creativita' degli esseri umani, che sotto il suo impero sono sottoposti da una parte al dominio del mercato come forza impersonale che fissa i prezzi, designa gli uomini e i prodotti-servizi desiderabili e rifiuta gli altri, dall'altra alle forme di subordinazione della condizione salariale (disciplina d'azienda, stretta sorveglianza da parte dei capi e inquadramento attraverso regolamenti e procedure); c) il capitalismo fonte di miseria per i lavoratori e di disuguaglianze di dimensioni prima sconosciute; [d)] il capitalismo fonte di opportunismo e di egoismo che, favorendo solo gli interessi particolari, distrugge i legami sociali e di solidarieta' comunitari, soprattutto le forme minime di solidarieta' tra ricchi e poveri.

Mariana Mazzucato - Il valore di tutto - Laterza (2018)

La crisi finanziaria globale, che e' iniziata nel 2008 e continuera' ad avere ripercussioni in tutto il mondo ancora per anni, ha scatenato una miriade di critiche del moderno sistema capitalistico: e' troppo "speculativo"; ricompensa i "cercatori di rendite" anziché i "creatori di ricchezza"; e ha consentito la rapida crescita della finanza, permettendo che gli scambi speculativi di attivita' finanziarie fossero retribuiti piu' degli investimenti che portano a nuove attivita' reali e alla creazione di posti di lavoro. I dibattiti su una crescita non sostenibile sono diventati piu' forti, con preoccupazioni non solo sul tasso di crescita ma anche sulla sua direzione.

Una riforma seria di questo sistema "disfunzionale" include una varieta'
di rimedi, come rendere il settore finanziario piu' concentrato su investimenti a lungo termine; cambiare la struttura di governo delle imprese
in modo che esse siano meno attente al prezzo delle azioni e ai risultati
trimestrali; tassare piu' pesantemente veloci operazioni speculative; li-
mitare gli eccessi nelle retribuzioni degli alti dirigenti.

Carlo Calenda - Orizzonti selvaggi. Capire la paura e ritrovare il coraggio - Feltrinelli (2018)

Dieci fallimenti [...] Qual e' oggi l'eredita' del progetto egemo-
nico dell'Occidente? Partiamo da cio' che e' andato storto
[...] Il lavoro e' diventato una materia prima, una commodity come tutte
le altre
[...] Globalizzazione, innovazione tecnologica e politiche economiche
liberiste hanno determinato un aumento senza precedenti delle diseguaglianze nei paesi occidentali e un impoverimento della classe media
[...] Sono falliti tutti i negoziati multilaterali dell'Organizzazione mondiale del commercio che avrebbero dovuto riequilibrare i flussi commerciali, aprendo progressivamente le economie emergenti ai nostri
beni e servizi
[...] La distribuzione dei carichi fiscali e' diventata meno equa
[...] La finanza non e' diventata solo globale ma anche ipertrofica e sre-
golata e dunque un fattore di instabilita'
[...] L'apertura selettiva ai flussi finanziari stranieri da parte dei paesi
emergenti ha determinato un altro fenomeno paradossale
[...] La diffusione della societa' di consumo di massa nei paesi emergenti
non ha comportato, nella maggioranza dei casi, l'adozione di modelli
culturali e istituzionali occidentali
[...] La sostituzione indolore dell'industria manifatturiera con quella dei
servizi non e' avvenuta
[...] La crescita dei consumi mondiali pone un enorme problema di sostenibilita' del modello di sviluppo
[...] Il mondo non ha raggiunto un assetto stabile.

Etienne Balibar - Al cuore della crisi - Castelvecchi (2020)

Alcuni pensano che la crisi sanitaria con le sue conseguenze
costituisca un pericolo mortale per questo «stadio supremo del capitalismo» rappresentato dal neoliberalismo, altri sostengono esattamente
il contrario [...]

Il dibattito sfocia contemporaneamente su due punti: l'articolazione
degli aspetti economici e non economici della crisi e gli effetti che pro-
vochera' sulla stabilita' del regime neoliberale (dunque, eventualmente,
del capitalismo stesso).
Per queste domande non esistono risposte pronte.
Ma per proseguire il dibattito vorrei proporre tre ordini di considerazioni.
La prima questione che anima la discussione e' quella delle conseguenze
dell'aumento dei debiti pubblici (o dei debiti privati garantiti dallo Stato
o messi in comune dagli Stati, come comincia ad affrontarli l'Unione
Europea, e che si sono trasformati in debito pubblico a lungo termine)
sottoscritti per ritardare la crisi [...]
La seconda questione – opposta alla prima, che prefigura una destabilizzazione dal basso mentre l'inversione dei rapporti di denaro apre la
possibilita' di una destabilizzazione dall'alto – consiste nelle conseguenze di una pauperizzazione massiccia, o del crollo di un gran numero
d'individui e di gruppi sociali (famiglie, vicinati, professioni, genera-
zioni…) al di sotto della soglia di sussistenza autonoma, dunque all'interno della categoria dell'esclusione e dell'assistenza (ivi compresa
l'assistenza familiare, da cui dipendono già a tutt'oggi molti giovani di-
plomati e non, cosa che non fa altro che rimandare e aggravare il problema).
Si tratta, in altri termini, di sapere se il regime di precarieta' cambiera'
progressivamente, oltrepassando con la crisi una soglia, non solo laddove e' gia' endemico, ma nelle stesse zone di «prosperita'» [...]
Ultimo punto, bisognera' discutere del modo in cui si articolano la crisi
«sanitaria», la crisi «economica» e la crisi «morale» (o etica). I ritmi
non sono uguali, e non tutto il mondo e' intaccato da ciascuna di esse al
medesimo grado, a seconda del luogo in cui ci si trova.

**Aldo Barba, Massimo Pivetti - La scomparsa della sinistra in Eu-
ropa - Meltemi (2016)**

Scegliendo il 1979 come punto di svolta, nel corso dei tren-
t'anni precedenti, i cosiddetti Trenta gloriosi, il prodotto si era infatti
piu' che triplicato negli Stati Uniti, quasi quadruplicato in Francia, piu'
che quadruplicato in Germania e Italia, decuplicato in Giappone [...]
Nel corso dei trent'anni successivi, gli Stati Uniti avevano poco piu' che
raddoppiata la produzione, mentre Francia, Germania, Italia e Giappone
non erano riusciti a raggiungere nemmeno questo piu' modesto risultato.

Eccezion fatta per la Gran Bretagna [...]
In tutti i principali Paesi del capitalismo avanzato il tasso di crescita si era ridotto significativamente, raggiungendo in Francia, Germania e Italia livelli inferiori ad un terzo di quelli dei Trenta gloriosi.
Tra il 1951 e il 1978 la crescita annua in questi tre Paesi fu, in media, superiore al 5 per cento; tra il 1979 e il 2008 fu del 2 per cento; tra il 2008 e il 2015 la Germania crebbe dell'1 per cento, la Francia dello 0,4 per cento, l'Italia del -1 per cento.
In ognuno di questi Paesi, nel corso degli anni Settanta, una crescita annua inferiore al 4 per cento era normalmente considerata un risultato deludente.

Mariana Mazzucato - Non sprechiamo questa crisi - Laterza (2020)
[E'] giunto il momento di mettere in pratica la dura lezione della crisi finanziaria globale del 2008.
Quando le aziende, dalle compagnie aeree alla grande distribuzione, si fanno avanti con richieste di salvataggio e altre forme di assistenza, e' importante non limitarsi a distribuire denaro. Si possono dettare condizioni affinche' i salvataggi siano strutturati in modo da trasformare i settori destinatari degli aiuti, portandoli a far parte di una nuova economia, incentrata sulla strategia del Green New Deal di ridurre le emissioni di carbonio, investendo al tempo stesso sui lavoratori per aiutarli ad adattarsi alle nuove tecnologie.
E bisogna farlo adesso, fintanto che lo Stato si trova in posizione di forza.
Sfruttiamo questo momento per ripensare il sistema capitalistico con un approccio che restituisca centralita' a tutte le parti in causa. Non permettiamo che questa crisi vada sprecata [...]
Il capitalismo, infatti, sta affrontando almeno tre grandi crisi.
Una crisi sanitaria indotta dalla pandemia ha rapidamente innescato una crisi economica con conseguenze ancora sconosciute per la stabilita' finanziaria, e tutto questo si gioca sullo sfondo di una crisi climatica che non puo' essere affrontata con il solito approccio del «business as usual». Non dimentichiamoci che, fino a soli due mesi fa, i media ci proponevano immagini spaventose di vigili del fuoco e non, operatori sanitari, sopraffatti dalla fatica e dal superlavoro.
Questa triplice crisi ha portato alla luce diversi problemi rispetto al nostro modo di «fare capitalismo», che devono essere tutti affrontati nello stesso momento in cui siamo alle prese con l'emergenza sanitaria.

Al trimenti, risolveremo semplicemente i problemi in un settore per crearne di nuovi altrove, cosi' come accadde con la crisi finanziaria del 2008. I politici inondarono il mondo di liquidita' senza indirizzarla verso opportunita' di investimento valide.

Di conseguenza, il denaro fini' di nuovo in un settore finanziario che era (e rimane) inadatto allo scopo.

David Harvey - Cronache anticapitaliste. Guida alla lotta di classe per il XXI secolo - Feltrinelli (2021)

Oggi sta diventando una domanda cruciale: come contrastare quella che e' in effetti l'illegalita' del capitale?

Purtroppo, non e' ipotizzabile che prevalga la teoria del capitale proposta dall'utopismo dell'economia politica classica. Non si puo' piu' (ammesso che sia mai stato possibile) sostenere che il capitalismo possa essere pensato come un sistema pacifico, legale e non coercitivo.

In effetti, cio' con cui abbiamo a che fare qui non e' solo il proseguimento, ma il riapparire di sistemi di espropriazione violenta sorti nel passato. Conviviamo con una forma di capitale basata non sull'uguaglianza dello scambio ma sulla violenza certa dell'espropriazione e della spoliazione [...]

Non dobbiamo pensare solo all'accumulazione del capitale basata sullo sfruttamento del lavoro vivo nella produzione [...]

Dobbiamo considerare anche pratiche di accumulazione basate sulla spoliazione pura e semplice [...]

Il capitalismo contemporaneo dipende sempre piu' dall'accumulazione per spoliazione, anziche' dall'accumulazione per sfruttamento della forza lavoro nella produzione.

Che cosa intendo dire? [...]

La crescente centralizzazione del capitale [...] comporta che il capitale rubi e consolidi risorse di piccoli produttori che sono stati costretti a cessare la loro attivita'.

Fusioni e acquisizioni sono operazioni sempre piu' diffuse.

Il grande capitale prevale sui pesci piccoli, se li mangia, per cosi' dire, e comincia ad allargare il suo potere e la sua massa semplicemente inglobando altri capitali.

Ci sono "leggi" della centralizzazione del capitale. Le grandi aziende capitalistiche inglobano le piu' piccole, creando cosi' una situazione di quasi monopolio in cui le grandi aziende capitalistiche dominano su tutto il resto e possono imporre i prezzi che vogliono.

Guardiamo per esempio l'ascesa di Google: quante piccole aziende ha assorbito Google nella sua espansione per arrivare a essere la grande azienda di oggi? [...]

Il leveraged buy-out diventa comune. Esistono strategie di ogni genere per facilitare i buy-out e le acquisizioni.

Se viene ridotto il flusso di liquidita' per qualche settore dell'economia e se le aziende sono in difficolta', se non nell'impossibilita', di rifinanziare i propri debiti, possono essere costrette alla bancarotta anche se la loro attivita' e' sana.

Banche e istituti finanziari possono acquisire quelle aziende e trarre grandi profitti una volta reimmessa la liquidita' [...]

Qualcosa del genere e' successo durante la crisi immobiliare negli Stati Uniti. Molte persone si sono trovate costrette (in qualche caso a quanto pare illegalmente) a cedere il valore della loro casa per pignoramento. Non potendo i proprietari pagare i loro mutui, un gran numero di abitazioni e' stato venduto a prezzi bassi di pignoramento. Ed ecco arrivare una societa' di private equity come Blackstone che acquista le case pignorate a prezzi di svendita. In poco tempo Blackstone diventa il proprietario di immobili piu' grande del paese, se non del mondo. Ora possiede migliaia e migliaia di abitazioni, che affitta con margini di profitto elevati.

Quando il mercato immobiliare si riprende, e a seconda del mercato in cui ti trovi (a San Francisco e New York si e' ripreso abbastanza in fretta, in altri luoghi no), poi puoi rivenderle con profitti enormi. Questo e' un segmento molto grande dell'economia, che si sviluppa sulla base di un processo di accumulazione senza avere niente a che fare con la produzione [...]

Anche Apple ha acquistato un'importanza enorme attraverso pratiche capitalistiche commerciali di appropriazione nel mercato, anziche' attraverso l'organizzazione di capacita' produttiva nel punto di produzione. Il capitalismo industriale, in un certo senso, e' diventato sempre piu' subordinato al capitalismo commerciale e a forme di rendita del capitalismo.

I meccanismi attraverso i quali lavorano il capitalismo della rendita e il capitalismo mercantile sono sempre piu' quelli dell'appropriazione e dell'accumulazione per spoliazione, anziche' l'organizzazione della produzione e lo sfruttamento del lavoro vivo nella produzione.

Questo e' il tipo di societa' capitalista verso cui ci siamo spostati.

E' una societa' che non puo' essere contrastata con le tecniche classiche

Luc Boltanski, Eve Chiapello - Il nuovo spirito del capitalismo - Mimesis (2014)

Si puo' cosi' distinguere una critica artistica da una critica sociale.

La prima, associata all'invenzione di uno stile di vita bohemien [...], attinge soprattutto alle due prime fonti di indignazione a cui abbiamo precedentemente accennato: da una parte la disillusione e la mancanza di autenticita', e dall'altra l'oppressione, che caratterizzano il mondo borghese legato all'ascesa del capitalismo. Questa critica mette in evidenza la perdita di senso, e in particolare la perdita del senso del bello e della grandezza, conseguenza della standardizzazione e della mercificazione generalizzata che coinvolgono non solo gli oggetti quotidiani ma anche le opere d'arte (il mercato culturale della borghesia) e gli esseri umani. Insiste sulla volonta' oggettiva del capitalismo e della societa' borghese di irreggimentare, dominare e sottomettere gli uomini a un lavoro prescritto, avendo come scopo il profitto ma facendo ipocritamente appello alla morale, a cui contrappone la liberta' dell'artista, il suo rifiuto di una contaminazione dell'estetica attraverso l'etica, il rifiuto di ogni forma di sottomissione nel tempo e nello spazio e nelle sue espressioni piu' estreme, di ogni forma di lavoro.

La critica artistica si fonda sull'opposizione [...] tra attaccamento e distacco, stabilità e mobilità. Da una parte i borghesi, che possiedono terre, fabbriche, donne, radicati nell'avere, obnubilati dal pensiero della conservazione dei loro beni, continuamente preoccupati di come riprodurli, sfruttarli, accrescerli [...].

La seconda critica, di ispirazione socialista e poi marxista, attinge soprattutto alle ultime due fonti di indignazione che abbiamo identificato: l'egoismo degli interessi privati nella societa' borghese e la miseria crescente delle classi popolari all'interno di una societa' con una ricchezza senza precedenti [...]

Fondandosi sulla morale, e spesso su una tematica di ispirazione cristiana, la critica sociale rifiuta, talvolta con violenza, l'immoralita' o il neutralismo morale, e l'individualismo degli artisti, che puo' diventare egoismo ed egotismo.

La rivoluzione neoliberista contrapposta al modello
keynesiano, ha liquidato il sistema politico ed economico
instauratosi nel dopoguerra. Come si e' trasformato il ruolo dello
Stato e quali i suoi rapporti con il mercato?

Prem Shankar Jha - Il caos prossimo venturo. Il capitalismo contemporaneo e la crisi delle nazioni - Neri Pozza (2015)

Il trattato di Westfalia fu firmato nel 1648 dalla Francia e dai suoi alleati con il re Ferdinando II di Spagna, per porre fine alla guerra dei trent'anni che aveva devastato l'Europa. Per raggiungere tale scopo, il trattato legittimo' i governi esistenti, ricompose le loro dispute territoriali e stabili' le regole di base per i futuri rapporti reciproci tra gli stati. Questo processo stabilizzo' le frontiere e diede vita al concetto di sovranita' nazionale, i due attributi essenziali del moderno stato europeo. I principi che governavano le relazioni tra gli stati emersi dal trattato di Westfalia furono poi formalizzati dal Congresso di Vienna. Sebbene i confini tracciati da questi trattati siano stati alterati piu' volte dalle ambizioni egemoniche dell'una o dell'altra potenza europea, i principi fondamentali che li avevano ispirati vennero invariabilmente riaffermati, e l'ordine del trattato di Westfalia ripristinato, ogniqualvolta la pace si riaffermava.

Quei principi erano il rispetto della sovranita' e dei confini nazionali e il rifiuto di intervenire negli affari interni di un altro stato sovrano, perche' qualsiasi intervento del genere sarebbe stato considerato alla stregua di un atto ostile. Gli strumenti attraverso i quali fu mantenuto il nuovo ordine furono la diplomazia e la strategia militare [...]

Nel XIX secolo, sotto la spinta del capitalismo industriale, lo stato territoriale si trasformo' nello stato-nazione. Cio' porto' a un irrigidimento dei confini e all'applicazione dei principi di esclusione e di omogeneizzazione culturale, per definire chi apparteneva o meno a uno stato-nazione. Entrambe le cose comportavano l'uso della forza contro le minoranze. La sistematica violazione dei diritti umani da parte dello stato ebbe pertanto origine dalla trasformazione del moderno stato territoriale nel moderno stato-nazione.

Zygmunt Bauman - Capitalismo parassitario - Laterza (2009)

La sostanza del capitalismo, ricordava Habermas, e' l'incontro tra capitale e lavoro.

Lo scopo di questo incontro e' una transazione commerciale: il capitale acquista il lavoro. Per la riuscita di questa transazione vanno soddisfatte due condizioni: il capitale dev'essere in grado di comprare e il lavoro dev'essere «vendibile », cioe' sufficientemente attraente per il capitale da essere comprato.

Il compito principale (la «legittimazione») dello Stato capitalista e' provvedere a che entrambe le condizioni siano soddisfatte.

Lo Stato deve fare dunque due cose. Primo, sovvenzionare il capitale nel caso quest'ultimo rimanga a corto del denaro necessario per acquistare la forza produttiva del lavoro. E secondo, garantire che valga la pena acquistare il lavoro, cioe' che la manodopera sia in grado di sopportare le fatiche del lavoro di fabbrica, e dunque che sia forte e in buona salute, non malnutrita, e debitamente istruita alle competenze e alle abitudini comportamentali indispensabili per le occupazioni industriali (spese, tutte queste, che gli aspiranti datori di lavoro capitalistici difficilmente potrebbero permettersi: se dovessero sostenerle loro, il costo dell'assunzione di manodopera diventerebbe esorbitante) [...]

Ma quello che stava avvenendo in realta' era una transizione dalla societa' «solida» dei produttori alla societa' «liquida» dei consumatori. La fonte primaria di accumulazione capitalistica si trasferiva dall'industria al mercato dei consumi. Per mantenere in vita il capitalismo non era piu' necessario «rimercificare» il capitale e il lavoro per rendere possibile la transazione di compravendita del lavoro: adesso servivano sovvenzioni statali per consentire al capitale di vendere merci e ai consumatori di comprarle.

Il credito era il congegno magico per assolvere (si sperava) a questo doppio compito: e ora possiamo dire che nella fase liquida della modernita' lo Stato e' «capitalista » nella misura in cui garantisce la disponibilita' continua di credito e la capacita' continua dei consumatori di ottenerlo.

David Harvey – Breve storia del neoliberismo – il Saggiatore (2007)

Il neoliberismo e' in primo luogo una teoria delle pratiche di politica economica secondo la quale il benessere dell'uomo puo' essere perseguito al meglio liberando le risorse e le capacita' imprenditoriali dell'individuo all'interno di una struttura istituzionale caratterizzata da forti diritti di proprieta' privata, liberi mercati e libero scambio. Il ruolo dello Stato e' quello di creare e preservare una struttura istituzionale idonea a queste pratiche.

Lo Stato deve garantire, per esempio, la qualita' e l'integrita' del denaro; deve predisporre le strutture e le funzioni militari, difensive, poliziesche e legali necessarie per garantire il diritto alla proprieta' privata e assicurare, ove necessario con la forza, il corretto funzionamento dei mercati. Inoltre, laddove i mercati non esistono (in settori come l'amministrazione del territorio, le risorse idriche, l'istruzione, l'assistenza sanitaria, la sicurezza sociale o l'inquinamento ambientale), devono essere creati, se necessario tramite l'intervento dello Stato.

Jurgen Habermas, Wolfgang Streeck - Oltre l'austerita'. Disputa sull'Europa - Castelvecchi (2020)

Ai tassi di inflazione crescente degli anni Settanta si sostituisce il progressivo indebitamento delle famiglie e dei bilanci pubblici.
Cresce parallelamente anche l'ineguaglianza quanto alla distribuzione del reddito, mentre le entrate statali diminuiscono per rapporto alla spesa pubblica.
Con l'aumento delle disuguaglianze sociali lo Stato tributario subisce in tale sviluppo una trasformazione: «Lo Stato democratico, governato e alimentato dai propri cittadini in quanto Stato tributario, si converte in Stato di debito democratico, nella misura in cui il suo sostentamento poco a poco non dipende piu' dai cittadini contribuenti ma dai suoi creditori». Dentro l'Unione economica e monetaria europea i limiti imposti dai "mercati" all'azione politica degli Stati mostrano il loro carattere perverso. La trasformazione dello Stato tributario in Stato di debito fa da sfondo al circolo vizioso con cui gli Stati salvano le banche insolventi, per finire a loro volta trascinate verso il fallimento da queste ultime, rimettendo di conseguenza il destino della popolazione nelle mani del regime finanziario imperante

Nick Srniceck, Alex Williams - Inventare il futuro. Per un mondo senza lavoro - Produzioni Nero (2018)

Nella percezione popolare, il neoliberismo e' genericamente identificato come una celebrazione del libero mercato, un'impostazione che come corollario prevede la difesa a oltranza del libero scambio, dei diritti di proprieta' e del libero movimento dei capitali [...]
A differenza dell'opinione comune, [...] il neoliberismo differisce dal liberalismo classico proprio nell'importante ruolo che attribuisce allo Stato. In effetti, un compito fondamentale del neoliberismo e' stato quello di acquisire il controllo dell'apparato statale al fine di utilizzarlo

per il conseguimento dei propri obiettivi; mentre cioe' il liberalismo classico si erge a favore di una sfera naturale che esula dal controllo statale (le leggi naturali dell'uomo e del mercato), i neoliberali capiscono che di «naturale» i mercati hanno poco o nulla [...]
Sotto il dominio del neoliberismo, nella creazione dei mercati «naturali» un ruolo fondamentale e' giocato proprio dallo Stato: il neoliberismo esige cioe' che sia lo Stato a difendere i diritti di proprieta' privata, che sempre lo Stato faccia rispettare i contratti, che imponga una legislazione anti- trust, che reprima il dissenso sociale, e che mantenga sempre e comunque la stabilita' dei prezzi. [...]
Sarebbe quindi sbagliato credere che l'obiettivo dello Stato neoliberale sia semplicemente tirarsi indietro e non interferire coi mercati: gli interventi senza precedenti delle banche centrali sui mercati finanziari non sono sintomi del collasso dello Stato neoliberale ma, al contrario, gli effetti prodotti dalla sua funzione centrale: creare e sostenere i mercati a tutti i costi. [...]
Arrivati a questo punto, che le elezioni vengano vinte da partiti di sinistra o di destra conta poco: i dadi sono truccati, il neoliberismo ha vinto.

Carlo Formenti - La variante populista. Lotta di classe nel neoliberismo - Derive Approdi (2016)

Il mercato non viene piu' identificato con lo scambio bensi' con la concorrenza.
Si tratta di un cambiamento epocale, a partire dal quale viene rovesciato l'assunto del liberalismo classico, secondo cui lo Stato doveva astenersi dall'intervenire in economia.
Oggi si chiede viceversa allo Stato di costruire, mantenere e difendere l'ordine della concorrenza contro ogni interferenza (ecco perche' il super Stato europeo vieta ai singoli Stati nazionali di sovvenzionare direttamente o indirettamente le proprie imprese per proteggerle dalla concorrenza globale) [...]
Non a caso Lenin definiva lo Stato il «comitato d'affari della borghesia». Nelle attuali condizioni storiche, tuttavia, nemmeno questa definizione riesce a descrivere la realta' di un sistema di potere che si fonda su un'integrazione pressoche' totale fra elite economiche ed elite politiche.
Una realta' che emerge in modo sfacciatamente evidente in fenomeni come quello che negli Stati Uniti e' stato battezzato il «sistema delle porte girevoli», vale a dire la pratica per cui i manager di grandi imprese

private, banche e societa' finanziarie (sia sotto le amministrazioni democratiche che sotto quelle repubblicane) rivestono importanti incarichi pubblici o vengono addirittura nominati ministri.

Questi rapporti incestuosi fra economia e politica rispecchiano la convergenza di interessi fra soggetti che condividono gli stessi valori, idee, convinzioni, linguaggi, abitudini e, non di rado, sono legati da relazioni di parentela, amicizia o hanno seguito gli stessi percorsi formativi.

Nick Srniceck, Alex Williams – Inventare il futuro. Per un mondo senza lavoro - Produzioni Nero (2018)

Sotto il dominio del neoliberismo, nella creazione dei mercati «naturali» un ruolo fondamentale e' giocato proprio dallo Stato: il neoliberismo esige cioe' che sia lo Stato a difendere i diritti di proprieta' privata, che sempre lo Stato faccia rispettare i contratti, che imponga una legislazione antitrust, che reprima il dissenso sociale, e che mantenga sempre e comunque la stabilita' dei prezzi.

Quest'ultimo ruolo in particolare si e' fatto sempre piu' urgente dopo la crisi del 2008, fino ad assumere la forma di un completo controllo della produzione del denaro tramite le banche centrali.

Sarebbe quindi sbagliato credere che l'obiettivo dello Stato neoliberale sia semplicemente tirarsi indietro e non interferire coi mercati: gli interventi senza precedenti delle banche centrali sui mercati finanziari non sono sintomi del collasso dello Stato neoliberale ma, al contrario, gli effetti prodotti dalla sua funzione centrale: creare e sostenere i mercati a tutti i costi.

Lorenzo Marsili, Yanis Varoufakis - Il terzo spazio. Oltre establishment e populismo - Laterza (2017)

E' l'ordoliberismo, o neoliberismo tedesco, a teorizzare compiutamente il ruolo dello Stato.

L'ordine (ordo) di mercato non emerge spontaneo, ma, anzi, richiede l'attivismo statale per costruire un'impalcatura di regole e leggi capaci di garantirlo [...]

Equiparando 'potere monetario' e 'potere giudiziario', le politiche monetarie vengono sottratte alla sfera della politica e alla sovranità popolare. E cosi' nel corso degli anni Ottanta, per fare un esempio fra tanti, tutte le banche centrali di tutti i paesi europei vengono separate da qualsivoglia controllo democratico – e in maniera ancora piu' marcata in Europa che negli Stati Uniti.

La perdita di sovranita' monetaria arriva ben prima della costruzione della Banca centrale europea.

Lo Stato, questo e' il punto chiave, lungi dall'essere svuotato, viene trasformato, messo, cioe', a servizio del mercato di cui e' costantemente chiamato a proteggere diritti e prerogative.

E trasformare lo Stato – trasformarne perfino la Costituzione – richiede una classe politica disponibile e connivente [...]

Un processo che raggiunge il suo apice negli anni Novanta, con l'esclusione di qualunque reale alternativa dal gioco parlamentare [...]

Le distinzioni tra destra e sinistra scompaiono quasi del tutto, mentre socialdemocratici e cristiano-democratici, centro-sinistra e centro-destra, alla stessa maniera e con la stessa convinzione, implementano politiche dettate dal consenso emerso dalla rivoluzione di Ronald Reagan e Margaret Thatcher [...]

La marea del pensiero unico e' infatti inarrestabile. Basti pensare all'Italia [...] E' un ministro di centro-sinistra, Tiziano Treu, a firmare la legislazione che permise l'avvento su larga scala dei contratti a termine nel 1997. E' lo stesso governo a proseguire nella piu' grande ed entusiasta privatizzazione nella storia della Repubblica – dalle telecomunicazioni alle utilities – abbandonando di fatto qualunque velleita' di politica industriale.

Stefano Azzara' - Il virus dell'occidente. Universalismo astratto e sovranismo particolarista di fronte allo stato di eccezione - Mimesis (2020)

Nelle societa' di classe, la cosiddetta sovranita' dello Stato [...] indica in realta' sin dalla sua genesi la superiorita' dello Stato sui cittadini e cioe' essa "e' l'alibi che consente ai rappresentanti dello Stato di esonerarsi da qualsiasi obbligo che legittima un controllo da parte dei cittadini".

In questo senso, proprio la sovranita' statale – come sovranita' di uno Stato egemonizzato dai poteri privati – e' stata la prima garanzia del meccanismo neoliberale.

Un meccanismo che, al contrario di quanto molti pigramente ritengono, non oblitera per nulla il ruolo dello Stato ma "lo richiede" e lo ridefinisce, cosi' che Hayek – del quale Dardot e Laval hanno minuziosamente ricostruito le posizioni – lo ripresenta come il "guardiano" dell'"ideale di una societa' basata sul diritto privato".

"Pubblico" invece, "e' assolutamente irriducibile a 'statale'", perche' rinvia "non alla sola amministrazione statale, ma all'intera collettivita' in quanto essa e' costituita dall'insieme dei cittadini".

In questo senso, per loro, "i servizi pubblici non sono i servizi dello Stato nel senso che lo Stato potrebbe disporne a suo piacimento" e "non sono neppure una proiezione dello Stato", ma "sono pubblici in quanto sono 'al servizio del pubblico'".

Essi "non costituiscono una manifestazione della potenza dello Stato, ma un limite del potere governativo"; sono "cio' per cui i governanti sono i servi dei governati".

Come tali, questi servizi "rientrano nel principio della solidarieta' sociale" e non certo "nel principio della sovranita'", il quale rimane "incompatibile con quello della responsabilita' pubblica".

Nonostante le previsioni dei suoi fautori, non e' affatto detto, percio' – e questo e' giusto anche a prescindere dal pregiudizio di Dardot e Laval verso lo Stato e dalla loro teoria del Comune –, che il ritorno dello Stato coincida necessariamente con il ritorno del welfare, visto che il suo ritrovato intervento potrebbe tranquillamente limitarsi, come abbiamo gia' visto in abbondanza, a "sostenere l'attivita' delle imprese private" e a "garantire il sistema finanziario", funzionando nel suo potere pubblico come semplice prosecuzione del potere privato.

Cosi' come non e' vero, reciprocamente, che la richiesta di una ricostruzione dei servizi pubblici sia o debba essere di per se' sinonimo di "ripiegamento identitario sulla nazione" o sulla comunita' [...] dato che questa esigenza che spaventa i biopolitici puo' esprimere anche "un senso dell'universale che attraversa le frontiere e ci rende tanto sensibili alle prove vissute dai nostri 'concittadini in pandemia', siano essi italiani, spagnoli e, infine, europei e non".

Queste considerazioni ci aiutano a capire che un eventuale 'ritorno dello Stato' e della politica non garantisce automaticamente nulla, perche' il suo reale significato dipende alla fine anch'esso dai rapporti di forza tra i gruppi sociali che si muovono al suo interno e che cercano, ciascuno a proprio modo, di condizionarne le scelte e di definire il carattere concreto del potere istituzionalizzato.

Dipende da chi, cioe', nello Stato ha conseguito o sta conseguendo l'egemonia e da come lo Stato, a partire da queste spinte e controspinte che lo investono, si posiziona effettivamente nel conflitto sociale tra gli interessi in gioco.

Lo Stato, infatti, non si esaurisce per nulla in quella macchina autonoma e impersonale descritta da Agamben e Di Cesare ma, pur avendo un

proprio sviluppo interno che si muove per linee endogene, e' anzitutto un campo di battaglia tra interessi diversi e la sua natura e' definita in primo luogo proprio dalla risultante dei loro conflitti [...]
Lo Stato puo' essere dunque potere e autorita' che esercita una "garanzia" generale a tutela di tutti i propri membri; oppure puo' essere semplice autoritarismo mediante il quale i garantiti si tutelano tra loro amplificando i propri poteri a discapito di chi garantito non e'.

Carlo Calenda - Orizzonti selvaggi. Capire la paura e ritrovare il coraggio - Feltrinelli (2018)

La liberalizzazione internazionale delle merci e dei capitali avrebbe dovuto essere accompagnata all'interno delle societa' occidentali da un ruolo attivo dello Stato nella gestione delle trasformazioni necessarie ad affrontarla e nella cura degli sconfitti.
Piu' ci si apre all'esterno, piu' bisogna governare il cambiamento all'interno, e questo e' un compito che solo le istituzioni nazionali possono assolvere. Invece e' accaduto il contrario. L'applicazione delle stesse ricette liberiste all'interno e all'esterno ha moltiplicato l'effetto di "spiazzamento" di ampi strati della societa'.
Per gestire le ondate di cambiamento provenienti dall'innovazione tecnologica e dalla globalizzazione abbiamo bisogno di ripensare il rapporto fra Stato e mercato e tra crescita economica e crescita sociale in seno alle nostre democrazie.
Del resto i casi di successo della globalizzazione sono stati caratterizzati da una presenza forte dello Stato nell'accompagnamento a un'apertura condizionata. La storia dello sviluppo di Giappone, Corea, Taiwan, Cina e India sta a dimostrarlo.

David Harvey - Breve storia del neoliberismo - il Saggiatore (2007)

Secondo la teoria, lo stato neoliberista dovrebbe favorire in modo precipuo il diritto individuale alla proprieta' privata, il primato della legalita', l'istituzione di mercati in grado di funzionare liberamente e il libero scambio [...]
Il rispetto dei contratti e i diritti individuali alla liberta' d'azione, di espressione e di scelta devono essere protetti.
Lo stato deve dunque utilizzare il suo monopolio degli strumenti di coercizione violenta per tutelare queste liberta' a tutti i costi.
Per estensione, la liberta' delle imprese commerciali e delle grandi aziende (che dal punto di vista legale sono considerate come individui)

di operare all'interno della struttura istituzionale di liberi mercati e libero scambio e' considerata un bene fondamentale.

L'impresa privata e l'iniziativa imprenditoriale sono ritenute fondamentali per l'innovazione e la creazione di ricchezza.

I diritti di proprieta' intellettuale sono tutelati (per esempio tramite brevetti) in modo da incoraggiare i cambiamenti tecnologici.

Il continuo aumento della produttivita' dovrebbe dunque garantire a tutti un livello di vita più alto

David Harvey - Breve storia del neoliberismo - il Saggiatore (2007)
Ma non tutto va per il meglio nello stato neoliberista, ed e' per questo che esso appare come una forma politica transitoria o instabile. Al cuore del problema c'e' una disparita' rapidamente crescente tra gli scopi pubblici dichiarati del neoliberismo (il benessere di tutti) e i suoi risultati effettivi (la restaurazione del potere di classe).

Ma al di la' di questo c'e' un'intera serie di contraddizioni piu' specifiche che e' opportuno evidenziare.

1. Da una parte ci si aspetta che lo stato neoliberista rimanga in disparte, limitandosi a predisporre l'ambiente piu' idoneo per le funzioni del mercato, ma dall'altra si vuole che sia interventista per creare un clima favorevole all'attivita' economica e che si comporti come un'entita' competitiva nelle politiche globali.

In quest'ultimo ruolo deve funzionare come un'azienda collettiva, e cio' pone il problema di come garantirsi la fedelta' dei cittadini. Il nazionalismo e' una risposta ovvia, ma e' profondamente antagonistico rispetto al programma neoliberista [...]

2. L'autoritarismo nell'imposizione del mercato mal s'accorda con gli ideali di liberta' individuali. Piu' il neoliberismo volge il timone verso il primo, piu' gli diventa difficile mantenere la sua legittimita' rispetto ai secondi e piu' e' costretto a rivelare i propri toni antidemocratici.

A questa contraddizione si accompagna una crescente mancanza di simmetria nella relazione di potere tra grandi aziende e individui comuni[...]

3. Anche se puo' risultare cruciale per preservare l'integrita' del sistema finanziario, l'individualismo irresponsabile e autocelebrativo di coloro che operano al suo interno produce volatilita' speculativa, scandali finanziari e instabilita' cronica [...]

4. Si mettono al primo posto le virtu' della competizione, ma la realta' e' il crescente consolidamento del potere oligopolistico, monopolistico e transnazionale all'interno di poche, grandi aziende multinazionali[...]

5. A livello popolare, la spinta verso la liberta' di mercato e la trasformazione di ogni cosa in merce puo' facilmente impazzire e produrre incoerenza sociale. La distruzione delle forme di solidarieta' sociale e, come ha suggerito la Thatcher, anche dell'idea stessa di societa' in quanto tale, lascia un vuoto crescente nell'ordine sociale.
Diventa allora particolarmente difficile combattere l'anomia e controllare i comportamenti antisociali che ne conseguono, come criminalita', pornografia o virtuale riduzione in schiavitu' di altri.

Thomas Fazi, Guido Iodice - La battaglia contro l'Europa. Come un'elite ha preso in ostaggio un continente. E come possiamo riprendercelo - Fazi (2016)

La mano invisibile del mercato che,-come dice Joseph Stiglitz, e' invisibile perche' non esiste – deve essere sostituita dalla mano visibile dello Stato [...]
Quali sono, dunque, le attivita' che lo Stato dovrebbe controllare, in vista dell'interesse generale?
Non e' possibile rispondere una volta per tutte, prescindendo dalla situazione concreta.
Cosa debba fare il pubblico e cosa il privato e' in larga parte una scelta che dipende dal contesto economico, politico, sociale, dal grado di sviluppo del paese, dalla sua cultura, dalla sua storia, dalle sue dimensioni, dalle sue vocazioni naturali, dalla sua cultura imprenditoriale, dalla competizione internazionale e da tanti altri fattori.
La suddivisione tra «agenda» e «non agenda», per usare un'espressione utilizzata da Keynes, non e' data una volta per sempre e non e' sempre la stessa ovunque [...]
Qui cercheremo di elencare, sulla base dell'esperienza di alcuni paesi, un insieme di attivita' che piu' di altre si prestano a essere condotte dallo Stato. Non sempre e' necessario o auspicabile che lo Stato possieda tutte le imprese che svolgono una certa attivita'; il piu' delle volte e' sufficiente che controlli quella preminente sul mercato, in modo da influenzarlo nella direzione voluta. Inoltre, ce lo confermano gli esempi che faremo, le imprese pubbliche funzionano meglio se agiscono come "corpi autonomi all'interno dello Stato", evitando di rincorrere il sentimento politico del momento o peggio trasformandosi in puri serbatoi di clientela per l'uomo politico di turno [...]
Il modello che sembra avere piu' successo e' quello in cui lo Stato si occupa di alcune attivita', in particolare quelle che costituiscono una pre-

condizione della mercazione e dei settori di volta in volta strategici, dettando inoltre con la sua politica economica il quadro generale, mentre lascia ai privati i "dettagli" delle scelte, unendo cosi' i vantaggi della pianificazione centralizzata a quelli dell'economia decentralizzata, cioe' del mercato [...]

Un'altra attivita' che non puo' essere lasciata totalmente al mercato perche' estremamente influenzata dall'incertezza e' senz'altro il credito. Le banche pubbliche hanno avuto e hanno ancora, dove presenti, un ruolo centrale nello sviluppo di un paese (e va detto: nel bene e nel male, quando sono gestite in modo inadeguato) [...]

L'istruzione e la sanita' possono essere viste come beni "di base" senza i quali e' difficile immaginare un futuro di ricchezza per qualsiasi paese. Il welfare state, l'istruzione pubblica e' tendenzialmente gratuita, le cure per tutti, non sono solo doverosa solidarieta' e' redistribuzione del reddito.

Henri De Grossouvre - Parigi, Berlino, Mosca. Geopolitica dell'indipendenza europea - Fazi (2004)

La globalizzazione liberista mira a distruggere tutte le strutture intermedie dell'esercizio del potere tra il cittadino, divenuto tragicamente individuo, oggetto, consumatore, e il mercato mondiale [...]

Questa volonta' di eliminare i popoli, le nazioni e gli Stati sovrani e' l'attributo principale del soggetto mondializzatore e/o globalista, quello che incarna o rappresenta il nuovo potere polimorfo emergente su scala planetaria.

E questo significa privare la democrazia del suo campo istituzionale di esercizio, vuol dire più in generale abolire lo spazio politico.

Tony Judt - Quando i fatti (ci) cambiano. Saggi 1995-2010 - Laterza (2020)

La stessa sfida-comprendere che cosa era successo tra le guerre e impedirne il ripetersi-fu affrontata da John Maynard Keynes[...]

Anche Keynes si sarebbe posto la domanda che si erano fatti Hayek e i suoi colleghi austriaci.

Ma propose una risposta assai diversa [...]

Se c'era una lezione da trarre dalla depressione, dal fascismo e dalla guerra, era questa: l'incertezza, elevata a livello di insicurezza e di paura collettiva, era la forza corrosiva che aveva minacciato e avrebbe potuto minacciare di nuovo il mondo liberale. Keynes auspicava quindi un

ruolo piu' incisivo dello Stato assistenziale, compreso, ma non solo, l'intervento economico in funzione anticiclica [...]
Per i trent'anni successivi, la Gran Bretagna (come gran parte del mondo occidentale) fu governata sulla base delle preoccupazioni di Keynes [...]
Lo Stato sociale poteva vantare notevoli risultati. In alcuni paesi era socialdemocratico, fondato su un programma ambizioso di legislazione socialista; in altri – per esempio in Gran Bretagna – consisteva in una serie di politiche pragmatiche volte ad alleviare gli svantaggi e a contenere i livelli estremi di ricchezza e di indigenza. Il tema comune e il risultato universale dei governi neokeynesiani del dopoguerra era il notevole successo ottenuto nel ridurre la disuguaglianza. Se confrontiamo il divario fra ricchi e poveri, in base al reddito o al patrimonio, vedremo che in tutti i paesi dell'Europa continentale, in Gran Bretagna e negli Stati Uniti si riduce drasticamente nella generazione successiva al 1945. La maggiore uguaglianza era accompagnata da altri benefici.
Col tempo, la paura di un ritorno dell'estremismo politico – la politica della disperazione, la politica dell'invidia, la politica dell'insicurezza – si attenuo'. Il mondo occidentale industrializzato entro' in un'epoca felice di prospera sicurezza: una bolla, forse, ma una bolla confortevole in cui la maggior parte delle persone se la passava molto meglio di quanto potesse mai aver sperato in passato e aveva buone ragioni per guardare al futuro con fiducia [...]
Fu la socialdemocrazia a saldare il legame tra i ceti medi e le istituzioni liberali (uso qui «ceti medi» nel senso europeo) [...]
Cosi', quella stessa classe sociale che era stata tanto esposta alla paura e all'insicurezza negli anni interbellici adesso era stabilmente integrata nel consenso democratico del dopoguerra. Alla fine degli anni Settanta, tuttavia, queste considerazioni venivano sempre piu' trascurate.
A partire dalle riforme fiscali e del lavoro introdotte nel periodo Thatcher-Reagan, seguite a distanza ravvicinata dalla deregolamentazione del settore finanziario, la disuguaglianza e' tornata a essere un problema nella societa' occidentale. Dopo il notevole calo registrato tra gli anni Dieci e gli anni Settanta del Novecento, negli ultimi tre decenni l'indice di disuguaglianza e' sistematicamente aumentato.

Mauro Barberis - Come internet sta uccidendo la democrazia. Po pulismo digitale - Chiarelettere (2020)

Il XX secolo forse non ha cambiato il concetto di democrazia [...] ma le istituzioni democratiche – non solo il Parlamento, la tutela dei diritti fondamentali e la separazione dei poteri, ma anche i partiti, la stampa, i media… –, quelle si' sono profondamente cambiate e funzionano in modo del tutto diverso da quelle sette-ottocentesche.

Ci si e' accorti del mutamento solo dopo che il populismo era ormai esploso, attribuendo il fenomeno a cause contingenti come globalizzazione, crisi economiche, migrazioni, risentimento, rivoluzione digitale. In realtà c'e' una causa politico-istituzionale del populismo che viene da molto piu' lontano e coincide appunto con i mutamenti che hanno interessato la democrazia parlamentare [...]

Il primo mutamento, tanto consolidato da passare ormai inavvertito, e' la concentrazione dei poteri nell'esecutivo. E si badi che non si parla delle democrazie illiberali, ma proprio delle democrazie liberali. Intanto, gli studiosi si occupano prevalentemente dei due poteri normativi, legislativo e giudiziario, e ignorano non tanto l'esecutivo quanto l'amministrazione: l'unico potere statale che dura anche quando cambiano maggioranze e governi, e senza il quale gli altri poteri non potrebbero funzionare.

Poi, e di conseguenza, non si riflette mai abbastanza sulle conseguenze prodotte, sulle istituzioni democratiche stesse, da due guerre mondiali, una guerra fredda, apparentemente chiusa dalla caduta del Muro di Berlino (1989), e un numero imprecisato di guerre asimmetriche, dalla Corea al Vietnam, dall'Afghanistan all'Iraq, spesso mascherate da interventi umanitari, esportazioni della democrazia o guerra al terrore. Tutti conflitti non dichiarati dai parlamenti, e gestiti direttamente dagli esecutivi. Tutte queste guerre, scatenate nonostante il, o forse addirittura grazie al, principio del rifiuto della guerra come soluzione dei conflitti internazionali, hanno comportato uno spostamento enorme di poteri dal legislativo all'esecutivo, e da questo all'amministrazione [...]

Si governa per decreti governativi, e l'ultima parola non tocca affatto ai giudici, come qualcuno crede, ma all'amministrazione [...]

Il secondo mutamento che ha interessato le istituzioni democratiche e' chiamato costituzionalizzazione ma dovrebbe chiamarsi anche internazionalizzazione della democrazia [...]

Si tratta della democrazia, detta appunto costituzionale, in cui il potere statale incontra limiti sia interni (costituzioni rigide, corti costituzionali, interpretazione costituzionale) sia esterni (trattati internazionali, corti internazionali). La democrazia costituzionale, impostasi in Occidente con la giurisprudenza delle grandi corti costituzionali e internazionali, si era estesa ai paesi dell'Est dopo la caduta del Muro di Berlino [...]

Infine, c'è un terzo mutamento istituzionale da registrare, molto differente dai precedenti: lo svuotamento neoliberista della democrazia.

Si comincia a parlare di crisi della democrazia nel 1975: gli Stati nazionali, si dice, non sono piu' in grado di assicurare la «governabilita'», ossia di adempiere le promesse fatte negli anni del boom economico.

«Governabilita'», governance (governo pubblico-privato) e sovranita' del consumatore (decide chi compra) sono poi divenuti i mantra del neoliberismo, di destra e di sinistra.

Jan Zielonka - Contro-rivoluzione. La disfatta dell'Europa liberale - Laterza (2018)

I partiti sono tutt'altro che morti. Possono avere pochi iscritti, e per lo piu' relativamente anziani, ma dispongono di piu' potere e risorse che mai.

Il problema e' che oggi in Europa i fondi per la vita dei partiti arrivano principalmente dallo Stato anziche' dalle tessere degli iscritti, da donatori privati e da organizzazioni affiliate.

Anche il potere dei partiti deriva piu' dai regolamenti statali che dal solido radicamento nei propri elettorati.

I partiti non funzionano piu' da ponte fra lo Stato e la societa'; sono diventati parte della macchina statale, staccati dall'elettorato.

I partiti poggiano in sostanza su canali di comunicazione regolati dallo Stato; utilizzano strutture dello Stato per rimpolpare i ranghi del personale e tenere in piedi la propria organizzazione a corto di uomini; e premiano i loro sostenitori con privilegi e risorse dello Stato.

Cosi' si spiega perche' i partiti continuino ad essere ancora vivi e operativi, ma cio' non li rende rappresentativi.

Alain Deneault - La mediocrazia - Neri Pozza (2017)

Il sindacalismo e' e rimane un soggetto politico, oppure ormai si confonde con le regole flessibili e strettamente manageriali di quel che e' racchiuso oggi nella parola «governance»?

La politica definisce la capacita' di deliberare sui principi che regolano la vita in societa', capacita' che i membri di una comunita' istituita si riconoscono.

Agire politicamente implica dunque il fatto di sostenere la propria posizione e la propria azione al di la' delle coordinate sociali entro le quali ci restringono alcune forme del potere costituito, per deliberare sull'insieme delle disposizioni che fanno si' che ci si trovi a questo punto.

Dunque, piu' che stare al gioco della logica manageriale, borsistica, capitalista e ultraliberale che prevale storicamente, nella speranza di trarne un tornaconto, si dovrebbe agire per instaurare nuove regole formali. Quanto alla governance, essa include i rappresentanti sindacali in una partnership che mette l'uno accanto all'altro attori dei quali si prevede apertamente la disparita'.

Sottomessi all'imperativo del «consenso», i sindacati sono invitati a questi processi piu' per portare il concorso del movimento dei lavoratori verso prospettive di sviluppo industriale e progetti motivati dall'alta finanza, che per definire davvero alla base le regole che riguardano la vita nella societa'.

Pertanto, per il movimento dei lavoratori, come per la rappresentanza ecologista, autoctona e locale, si tratta di provare a inserire nel progetto piu' ampio del capitalismo degli interessi minori che possano apparire ai suoi membri come una serie di «passi nella giusta direzione», «concessioni ottenute», «vittorie morali», «partenariati strategici» e altre simili arguzie.

La «governance» si presenta ancora una volta come un'arte della gestione privata innalzata al rango della politica; di conseguenza, non puo' che puntare a impadronirsi della politica stessa.[...]

La questione poggia sulla scelta tra la politica e la governance, ovvero se il movimento sindacale deve continuare a integrarsi nel capitalismo partecipandovi in modo fattivo – per esempio costituendo dei fondi sindacali messi a disposizione di aziende quotate in Borsa – e rendendolo dunque accettabile da parte dei membri delle sue organizzazioni, o se invece deve portare avanti una lotta concertata contro i suoi effetti iniqui, deleteri e fatalmente distruttivi.

Questa problematica, che ha drammaticamente segnato l'inizio del XX secolo [...], e' tutt'ora molto presente.

Stefano G. Azzara' - Il virus dell'occidente. Universalismo astratto e sovranismo perticolarista di fronte allo stato di eccezione - Mimesis (2020)

Per quanto le frontiere possano essere abbassate e i capitali e le merci possano circolare liberamente, avverte Aresu, rimane sempre anche nelle relazioni commerciali il caveat della "sicurezza nazionale". Non bisogna sottovalutare "il peso della sicurezza nella costruzione dell'economia" e di conseguenza non puo' essere minimizzato "lo spazio politico di chi decide cos'e' sicurezza e cosa non lo e'", quel livello che

da' "forma alla decisione" e che, anzitutto "attraverso provvedimenti giuridici", disegna le possibilita' ma anche i limiti del commercio stesso. Anche in un mondo aperto esiste un "primato della difesa sulla ric- chezza" e questo assioma "accompagna anche i capitalismi con- tempo- ranei come un'ombra", obbligandoli secondo le circostanze a un pragmatico "pendolo tra Stati e mercati". [...]
Questo fa si' che rimanga centrale il ruolo "dello Stato" ma rende par- ticolarmente rilevanti anche "le modalita' con cui il potere statuale si declina in apparati burocratici, nei confini del politico e dell'econo- mico", oltre che "gli ordini giuridici con cui i mercati interagiscono" e dunque "la storia dello spazio in cui viene codificato il capitalismo" [...]
Le relazioni economiche, all'esterno ancor piu' che all'interno delle na- zioni, "non sono estranee ai rapporti di potere" ma anzi "determi- nano le distinzioni tra soggetto e oggetto". Commercio e societa' com- mer- ciale mondiale, dunque, ripropongono a un diverso livello l'eterna que- stione della politica e cioe' quella della sicurezza: con l'allarga- mento della sfera dei traffici, "la societa' commerciale di Smith porta a una progressiva estensione della sicurezza" e non a un suo dissolvi- mento nello scambio, perche' in essa rimane vivo il problema di un "impiego efficiente del capitale", la cui espansione ha bisogno di "spazi in cui esiste una 'tollerabile sicurezza'".
E' chiaro che tutto questo suscita immensi problemi di ordine politico e anche giuridico, ai quali le esigenze del commercio rimangono inevi- tabilmente subordinate [...]
Bisogna prendere atto che "il mondo in cui viviamo è quello della 'am- bigua e inquieta continuita' degli Stati nazionali'", ciascuno con le pro- prie peculiarita' sistemiche, i propri interessi e la propria strategia.
Nonostante tutti gli accordi transnazionali, dunque, "il presidio militare dei confini e' tutt'altro che sparito". E di questo deve sempre tener conto il mercato, il quale e' una "creazione giuridica" che dagli Stati dipende e dunque "non e' onnipotente ma subordinato rispetto alle esi- genze della sicurezza nazionale".
Sulla base della propria esigenza di sopravvivenza o rafforzamento, la grande potenza puo' manipolare le forme dei mercati, i quali sono sem- pre "creazioni politiche scomposte e ricomposte dai conflitti e la cui stessa definizione determina "vincitori e vinti, ferite e tregue".
E allora "fino a che punto vale, anche nella nostra epoca, una distin- zione chiara tra Stati e mercati"?

David Harvey - Cronache anticapitaliste. Guida alla lotta di classe per il XXI secolo - Feltrinelli (2021)

Il progetto neoliberista non avrebbe potuto sopravvivere senza uno stato forte. Dal punto di vista ideologico questo è abbastanza complicato, perché la retorica del neoliberismo proclama: "Buttiamo fuori lo stato. Liberiamoci dello stato. Lo stato è un problema, perciò dobbiamo liberarci degli interventi statali". Una frase famosa di Ronald Reagan è proprio: "Il governo non è la soluzione… Il governo è il problema".

Lo stato però non è scomparso. La sua funzione è cambiata: dal sostenere le persone creando strutture di welfare, come assistenza sanitaria, istruzione e un'ampia gamma di servizi sociali, è passato a sostenere il capitale.

Lo stato è diventato un agente attivo nel sostenere, o addirittura nel sovvenzionare, il capitale. Dagli anni ottanta in poi abbiamo visto lo stato impegnarsi in operazioni di ogni tipo a sostegno del capitale [...]

Lo stato non sostiene più i suoi cittadini ma sostiene le grandi imprese con tutti i mezzi possibili: facilitazioni fiscali, sussidi diretti, infrastrutture, deroghe ai vincoli di legge. Perché questo possa accadere è necessario uno stato forte

*Associazioni no-profit, terzo settore, ONLUS, ONG
sono istituzioni umanitarie o sono strumenti di
demolizione dello Stato? E le liberalizzazioni,
sponsorizzazioni e privatizzazioni?*

Paolo Gila - Capitalesimo. Il ritorno del feudalesimo nell'economia mondiale - Bollati Boringhieri (2013)

Il carattere di servizio pubblico e' indiscutibile e vantaggioso per tutti i sistemi che hanno deciso di adottarlo, soprattutto in un periodo di crisi. Ma e' altrettanto vero che i varchi lasciati aperti dalla ritirata dello stato sono spazi appetibili per gruppi di varia natura che potrebbero rispondere a interessi reconditi e a finalita' subdole.

Il rischio che la vita dei cittadini debba dipendere dalla predisposizione caritatevole di associazioni inficiate da potenziali conflitti di interesse e' enorme.

E qui sta ora il punto della questione. Un gruppo di persone scaltre e competenti – con ampia conoscenza delle leggi e del mercato – puo' riuscire ad impiegare proficuamente buona parte di cio' che percepisce dall'attivita' no-profit. Come? Destinando i fondi raccolti attraverso il servizio erogato al pub- blico in attivita' bancarie a breve, come ad esempio certificati di depo- sito o pronti contro termine, oppure investendo la liquidita' di cassa in titoli obbligazionari, facendo maturare degli interessi, che a loro volta accrescono il flusso di denari.

David Harvey - Diciassette contraddizioni e la fine del capitalismo - Feltrinelli (2014)

La filantropia sta diventando un business enorme (con 9,4 milioni di occupati che distribuiscono 316 miliardi di dollari nei soli Stati Uniti), ma le disuguaglianze globali continuano a crescere a spirale, fuori controllo "e altre vite e comunita' vengono distrutte dal sistema che crea immense quantita' di ricchezza per i pochi".

La filantropia diventa una forma di "lavaggio della coscienza" che semplicemente "consente ai ricchi di dormire meglio la notte, mentre altri ricevono quel tanto che basta a impedire alla pentola di traboccare. Quasi ogni volta che qualcuno si sente meglio facendo del bene, dall'altra parte del mondo (o della strada) qualcun altro e' ulteriormente incatenato a un sistema che non permettera' il vero sviluppo della sua natura o la possibilita' di vivere una vita felice e realizzata"

Paolo Gila - Capitalesimo. Il ritorno del feudalesimo nell'economia mondiale - Bollati Boringhieri (2013)

Per certi aspetti gli enti no-profit entrano a gamba tesa sul mercato nei confronti della concorrenza commerciale a tutti gli effetti, che non ha armi per affrontare la competizione di operatori avvantaggiati da facilitazioni e dall'ampio ricorso al volontariato.

Il terzo settore viene in soccorso della popolazione e aiuta a soddisfare i bisogni della gente, ma al contempo riduce gli spazi del mercato e dell'azione politica.

Alcuni sociologi definiscono questa situazione una «distorsione», ma appaiono inascoltati perché le associazioni di volontariato del no-profit suggeriscono all'opinione pubblica che si occupano del bene della gente (come se una societa' commerciale onesta non lo facesse).

E se un industriale o un finanziere d'assalto volesse ridurre al silenzio i suoi concorrenti? Potrebbe farlo finanziando associazioni che si intromettano nel sociale con enti di facciata e organizzazioni di volontariato?

Michael Jacobs, Mariana Mazzucato - Ripensare il capitalismo - Laterza (2017)

Privatizzazione, partenariati finanziari pubblicoprivato, esternalizzazione dell'erogazione di servizi pubblici e altre strategie recenti quasi immancabilmente sono state propagandate come misure per introdurre i vantaggi dei mercati competitivi e della scelta del consumatore in attivita' dove precedentemente la facevano da padrone le burocrazie statali. Ma quasi mai il risultato e' stato questo.

Uno degli scopi principali delle riforme neoliberiste era depoliticizzare l'economia.

Queste speranze sono andate quasi sempre deluse, per due ragioni molto diverse tra loro.

La prima e' che molti dei beni e servizi coinvolti hanno le caratteristiche tipiche dei beni collettivi e di cittadi- nanza. Quando un bene e' collettivo, e' impossibile, sia in teoria sia in pratica, che rimanga unicamente confinato a un contesto di mercato. In una societa' democratica, questo significa che c'e' un dibattito costante sulla sua qualita' e la sua erogazione.

La seconda ragione, tuttavia, e' che il neoliberismo, di fatto, non ha assunto la sua forma di mercato [...]

Raramente si e' avuta una piena concorrenza del genere immaginato dalla teoria neoclassica; la scelta del consumatore e' stata possibile solo

in certi casi; il coinvolgimento dello Stato non e' diminuito, ha soltanto cambiato forma [...]
Un numero ristretto di aziende di enormi dimensioni domina i nuovi settori privatizzati ed esternalizzati, e settori come le banche ormai vengono considerati vitali per l'economia e hanno acquisito di conseguenza uno status, in certo qual modo, di bene collettivo.

Paolo Gila - Capitalesimo. Il ritorno del feudalesimo nell'economia mondiale - Bollati Boringhieri (2013)

A questo siamo arrivati? Alla spettacolarizzazione dell'aiuto, alla globalizzazione della solidarieta', per incitare governi e privati a donazioni generose. Ci siamo mai chiesti quante e quali sono queste associazioni della carita' universale?
Le industrie della solidarieta' e affini – ci informano dall'Onu, dove molte si registrano – sono poco meno di 4000. Ma il vero numero e' molto più alto, se si pensa che solo negli Stati Uniti le organizzazioni umanitarie sono oltre 10000. Tutte queste realta' si reggono e si mantengono grazie al circuito dei contributi volontari e non sono tenute per legge alla comunicazione dei bilanci.

David Harvey - Breve storia del neoliberismo - il Saggiatore (2007)

La svolta neoliberista e' stata accompagnata dalla nascita di gruppi di sostegno e di ONG, cosi' come dal dibattito sui diritti in generale; tali strutture sono aumentate in modo spettacolare piu' o meno a partire dal 1980.
In molti casi le ONG hanno occupato il vuoto lasciato dello stato nel campo dei provvedimenti di natura sociale. Si compie cosi' un processo che corrisponde a una privatizzazione da parte delle ONG.
In alcuni casi cio' ha contribuito ad accelerare ulteriormente il ritiro dello stato dai provvedimenti sociali. Le ONG quindi funzionano come «cavalli di Troia del neoliberismo globale».
Inoltre, le ONG non sono istituzioni intrinsecamente democratiche: tendono a essere elitarie, inattendibili (eccetto che verso i propri donatori) e per definizione distanti da coloro che cercano di proteggere o aiutare, indipendentemente dalle loro buone intenzioni o dal loro spirito progressista.
Spesso nascondono i loro programmi e preferiscono negoziare direttamente con lo stato e il potere di classe o esercitare la propria influenza su di essi.

Spesso controllano la loro clientela, invece di rappresentarla. Affermano e presumono di parlare per conto di coloro che non possono parlare per se stessi e anche di definire gli interessi di coloro per cui parlano (come se la gente fosse incapace di farlo da se), ma la legittimita' del loro ruolo e' sempre aperta al dubbio.

Paolo Gila - Capitalesimo. Il ritorno del feudalesimo nell'economia mondiale - Bollati Boringhieri (2013)

E' doveroso osservare che, mentre la finanza internazionale e cresciuta a dismisura, l'assistenza ai poveri e agli anziani e' in ritirata. Lo spazio vuoto viene lasciato a nuovi interpreti dell'aiuto sociale: enti, istituzioni volontarie, filantropi.
E' il cosiddetto terzo settore, quello del no-profit, ad occuparsi dell'indigenza. È stato definito il mondo della sussidiarieta': laddove lo stato non arriva piu' con le proprie forze, ecco che puo' giungere in soccorso il pompiere volontario, la guardia ecologica, l'assistente di anziani o la bambinaia negli asili nido.
Un mondo nuovo, appena regolamentato, ma in forte ascesa. [...]
E cosi' cio' che fino a qualche anno fa era un diritto per i cittadini (e quindi un dovere per l'amministrazione) oggi si presenta come un'opportunita' aleatoria, una missione che puo' o potrebbe essere demandata a istituzioni esterne, dove il pubblico incontra il privato senza per questo pesare sulle casse dello stato.

Paolo Gila - Capitalesimo. Il ritorno del feudalesimo nell'economia mondiale - Bollati Boringhieri (2013)

[Le istituzioni umanitarie] sono multinazionali della missione caritatevole che appaiono simili alle istituzioni medievali come gli Ospitalieri e i Templari, che godevano ovunque di ampio credito (sia nel senso della reputazione che sotto l'aspetto «bancario»). I Templari erano riconosciuti dagli stati, ma la loro natura li collocava sopra e oltre ogni stato.
Anche oggi si assiste alla nascita di una nuova corporazione, un clero missionario laico, extra-statale e multinazionale, che si concretizza e si appalesa sotto le forme di Onlus, di Ong, di associazioni senza scopo di lucro. Realta' di cui non conosciamo la reale portata economica.
Chi tiene i conti delle somme erogate e raccolte?
A quanto ammontano le ricchezze e le risorse finanziarie di queste organizzazioni?

Chi certifica la contabilità? Chi decide se e come assegnare patenti di credibilita' ai presidenti e agli incaricati di queste realta' neo-templari?

Lorenzo Marsili, Yanis Varoufakis - Il terzo spazio. Oltre establishment e populismo - Laterza (2017)
Le privatizzazioni sono un simbolo chiave della perdita di sovranita' popolare e della resa dello Stato a governare l'economia a favore di una maggioranza.
In alcuni casi, poi, diventano una forma di rendita garantita per azionisti: succede quando si tratta di aziende che operano in settori regolati e naturalmente monopolistici.
Privatizzazioni, queste, che hanno creato una nuova categoria di imprenditori rentier che estraggono valore da aziende ex pubbliche protette senza fare nessun investimento.
E' ovvio che le privatizzazioni vadano immediatamente fermate e, dove possibile, invertite.
Ma si deve fare di piu'. Perche' il punto non e' nazionalizzare ma democratizzare il sistema economico.
Negli ultimi trent'anni si e' esteso a dismisura quello shareholder capitalism, il capitalismo dell'azionista, che ha fatto dell'aumento dei dividendi l'unico fine aziendale, anche e soprattutto a scapito dei lavoratori, dell'impatto sociale e ambientale. Molto spesso questo avviene attraverso un aumento fittizio del valore azionario con processi quali il buyback, l'utilizzo dei profitti aziendali per l'acquisto di azioni proprie invece che per investimenti.

Colin Crouch - Postdemocrazia - Laterza (2009)
Allo scopo di incoraggiare attivita' scientifiche, culturali e non commerciali [...] i governi sempre piu' spesso fanno dipendere il finanziamento pubblico di queste attivita' dalla loro capacita' di attrarre sponsor [...]
Questo rafforza ulteriormente il potere dei ricchi, mettendoli in condizioni di determinare la destinazione dei fondi privati, poiche' il denaro pubblico segue le scelte fatte dagli sponsor privati [...]
L'obiettivo e' ridurre la spesa pubblica, ma la conseguenza e' che gruppi e individui danarosi vengono messi in condizione non solo di decidere quali attivita', tra le tante, favorire con i loro soldi, ma contemporaneamente di svuotare il modello di spesa pubblica, che spesso originariamente esisteva proprio per stabilire priorita' differenti da quelle scelte

dai ceti abbienti. Un'ulteriore conseguenza di questi fenomeni e' che gli imprenditori e i manager acquisiscono un canale privilegiato di accesso nei confronti dei politici e dei funzionari. Dato che il loro successo e la loro competenza dipendono interamente dalla loro capacita' di massimizzare il valore per gli azionisti, e' prevedibile che usino quei canali a beneficio delle singole aziende.

Tomaso Montanari - Privati del patrimonio - Einaudi (2015)
Il mecenatismo va verso la filantropia, mentre la sponsorizzazione va verso la gestione.
E «la sponsorizzazione e' un'azione commerciale, mentre il mecenatismo rientra nelle pratiche della generosita' » [...]
Al contrario della Francia noi abbiamo deciso di puntare - culturalmente, politicamente, legislativamente - sulle azioni commerciali, non sulla generosita'.
Questa scelta sta provocando una crescente mercificazione del patrimonio culturale: un processo che [...] ha anche il secondario svantaggio di inibire lo sviluppo di un vero mecenatismo culturale. [...]
Ma la conseguenza piu' seria della scelta italiana e' stata trasformare la sponsorizzazione nel cavallo di Troia della privatizzazione del patrimonio: una conseguenza attentamente premeditata.
Si e' scritto «filantropia dei privati» in modo che si leggesse «gestione ai privati»: e il risultato e' che «la forma attualmente piu' utilizzata di partecipazione dei soggetti privati nel settore dei beni culturali e' costituita dai contratti di sponsorizzazione» [...]
E' dunque importante distinguere: un conto e' chi vuol donare qualcosa alla collettivita', un conto chi vuole guadagnare associando al proprio marchio un valore immateriale che appartiene alla collettivita'. E invece in Italia facciamo di tutto per confondere le acque. Non solo abbiamo scelto la sponsorizzazione, e non il mecenatismo, ma vorremmo anche piegare quest'ultimo verso il mercato, svuotandolo del suo senso di gratuita generosita'.

Il valore di una merce immessa nel mercato e' la stima della sua utlità' e della quantita' di denaro necessaria a soddisfare la domanda e l'offerta. In economia parliamo di valore e di prezzo.La finanza,con i suoi ingenti movimenti di denaro, produce valore?

Mariana Mazzucato - Il valore di tutto - Laterza (2018)

Il prezzo e' diventato l'indicatore del valore: se una merce e' comprata e venduta sul mercato, deve avere un valore.

Cosi', invece di una teoria del valore che determina il prezzo, abbiamo una teoria del prezzo che determina il valore [...]

L'idea che il prezzo determini il valore e che i mercati siano i piu' bravi a determinare i prezzi ha ogni specie di nefaste conseguenze.

Per riassumere, ve ne sono quattro principali.

Primo: questa teoria incoraggia coloro che estraggono valore nella finanza e in altri settori dell'economia [...]

Nell'attuale modo di pensare, il trading finanziario, i prestiti rapaci, le bolle dei prezzi immobiliari aggiungono tutti valore per definizione, perche' il prezzo determina il valore: se c'e' un affare da concludere, c'e' valore [...]

Il pensiero che il valore e' eguale al prezzo incoraggia le societa' a mettere al primo posto i mercati finanziari e gli azionisti, e dare il minimo possibile agli altri portatori di interessi. Si ignora cosi' la realta' della creazione di valore – come processo collettivo [...]

Secondo: il convenzionale discorso svaluta e impaurisce gli effettivi e i potenziali creatori di valore che sono fuori dal settore privato.

Non e' facile sentirsi bene quando ti viene costantemente detto che sei spazzatura e/o parte del problema. Questa e' spesso la situazione per la gente che lavora nel settore pubblico, siano infermiere, impiegati o insegnanti [...]

Terzo: questo racconto del mercato confonde i politici. In generale, i politici di tutti gli schieramenti vogliono aiutare le loro comunita' e il loro paese, e pensano che il modo di farlo e' di avere maggior fiducia nei meccanismi del mercato, riducendo la politica solo a una questione di rabberciamenti marginali.

La cosa importante e' di essere considerato progressista, ma anche "business-friendly", favorevole all'impresa [...]

Non avendo una chiara visione del processo collettivo della creazione di valore, il settore pubblico viene cosi' "catturato" – incantato da storie sulla creazione di ricchezza che hanno portato a politiche fiscali regressive che aumentano l'ineguaglianza [...]

Quarto e ultimo punto: la confusione tra profitti e rendite e' evidente nei modi in cui misuriamo la crescita stessa: il PIL. Infatti, e' qui che il confine della produzione viene a perseguitarci di nuovo: se qualsiasi cosa che ha un prezzo e' valore, allora la contabilita' nazionale, per il modo in cui e' calcolata, non sara' capace di distinguere la creazione di valore dalla estrazione di valore e dunque politiche che hanno per obiettivo la prima possono semplicemente portare alla seconda.

Questo e' vero non solo per l'ambiente, dove porre rimedio all'inquinamento aumentera' certamente il PIL (per il pagamento dei servizi di pulizia), mentre un ambiente piu' pulito non lo farebbe necessariamente (in realta', se porta a produrre meno cose, potrebbe diminuire il PIL), ma anche, come abbiamo visto, per il mondo della finanza.

Pino Arlacchi - I padroni della finanza mondiale. Lo strapotere che ci minaccia e i contromovimenti che lo combattono - Chiarelettere (2018)

Sono passati i tempi nei quali le dimensioni dell'attivita', il suo fatturato, il numero dei dipendenti, la posizione nel mercato e la qualita' della sua tecnologia erano gli indici di successo prevalenti.

Per gli azionisti rapaci di oggi, cui si sono associati i manager destinatari di retribuzioni fuori misura, conta solo il Roe (Return on equity) annuale.

Per questi personaggi l'impresa non e' un organismo complesso, dotato di una propria vita e identita', titolare di responsabilita' sociali rilevanti, sede di una pluralita' di soggetti che talvolta confliggono tra loro ma che restano tutti interessati al suo sviluppo e alla sua integrita'.

Per i nuovi padroni l'azienda e' solo un agglomerato di contratti, «un insieme accidentale di attivi e passivi che deve essere rimaneggiato di continuo allo scopo di massimizzare il valore per gli azionisti. L'impresa, e le sue forze di lavoro, sono diventate, in linea di principio, oggetti a perdere [...]

Aziende che hanno impiegato decenni a diventare concentrazioni di know-how tecnologico e organizzativo vengono degradate a contenitori senz'anima, smembrabili a piacimento, come degli «spezzatini» che in caso di crisi possono essere offerti ai compratori a' la carte, boccone dopo boccone, da agenzie specializzate.

I guadagni relativi vengono conseguiti a spese degli interessi degli altri stakeholders dell'impresa: lavoratori, tecnici, fornitori, comunità locali, enti pubblici.

Joseph E. Stiglitz - Popolo, potere e profitti. Un capitalismo progressista in un'epoca di malcontento - Einaudi (2020)

Con l'evoluzione del sistema bancario, l'intermediazione si e' via via allontanata dall'obiettivo di mettere in rapporto tra loro i risparmiatori e le imprese desiderose di espandersi e di creare nuovi posti di lavoro.

Le banche hanno iniziato a concentrarsi piuttosto su quei risparmiatori e quelle famiglie che volevano spendere piu' di quanto guadagnavano, per esempio tramite le carte di credito. Gli anticipi sulle carte di credito si dimostrarono in particolare molto redditizi, perche' era facilissimo sfruttare i consumatori imponendo tassi di interesse da usurai, oneri sulle dilazioni (anche quando non erano dilazioni) o sugli scoperti e vari tipi di commissioni. E tutto cio' divenne sempre piu' facile a mano a mano che si procedette con la deregolamentazione, che eliminava i vincoli al comportamento predatorio.

In tal modo le banche furono libere di rastrellare denaro da tutte le parti, usando il proprio potere di mercato per imporre tariffe elevate ai consumatori e contemporaneamente ai commercianti.

Inoltre, per quanto riguardava le attivita' di prestito, per le banche era piu' facile sfruttare i consumatori che le imprese: era cioe' piu' facile far soldi con i consumatori che prestando denaro alle piccole e medie imprese (Pmi). Cosi' per queste ultime divenne sempre piu' difficile ottenere denaro [...]

Le banche hanno intrapreso anche attivita' molto piu' redditizie dell'intermediazione, per esempio puntando su immense scommesse. Quella che a Las Vegas puo' essere definita semplicemente una scommessa, a Wall Street ha un nome piu' fantasioso e si chiama «derivato» (e scommette, per esempio, su che cosa succedera' ai tassi di interesse, ai tassi di cambio o ai prezzi del petrolio) o credit default swap, una scommessa sul possibile fallimento o quasi di un'impresa o di un'altra banca.

Ma tutto cio' non e' come giocare alle slotmachine del bar sotto casa; qui sono in gioco svariati miliardi di dollari. Questo e' un vero e proprio mercato d'azzardo, che puo' esistere perche', di fatto, e' in parte assicurato dal governo. Se la perdita si rivelasse troppo alta, il governo salvera' la banca.

E' dunque un altro modo di scommettere senza rischiare: se le cose vanno come vogliono le banche, le banche si intascano i profitti; altrimenti, c'e' il governo che le sostiene.

Ed e' soltanto perche' il governo fa da rete di protezione che l'altra parte e' disposta a partecipare alla scommessa, perche' sa che il contratto verra' onorato in qualunque caso [...]

Esiste ancora una terza fonte di lucrosi guadagni per le banche, particolarmente improduttiva per la societa': gli aiuti che esse forniscono alle grandi multinazionali e ai ricchi per eludere il fisco, per spostare il denaro dalle giurisdizioni dove le tasse sono elevate a quelle dove sono basse, in modo da aggirare la legge, se non violarla.

Anche qui, le banche hanno resistito agli sforzi di riforma del sistema fiscale e finanziario globale. Ben dieci miliardi di dollari sfuggono ogni anno al fisco [...]

Oltre a non svolgere il suo tradizionale ruolo di intermediazione, cioe' portare il denaro dalle famiglie alle imprese, il settore finanziario oggi sta facendo l'esatto contrario, sottraendo denaro alle imprese per portarlo ad alcune famiglie, in modo che i ricchi possano godersi di piu' il loro denaro. Grazie a significative facilitazioni fiscali, uno dei modi in cui le banche possono farlo e' aiutare le imprese a ricomprare le proprie azioni sul mercato prestando loro il denaro necessario, come mostra l'esempio di Apple. I soldi cosi' escono dalle imprese. E l'impresa avra' meno capitale da investire nel futuro, nella creazione di nuovi posti di lavoro. Chi ci guadagna, naturalmente, sono i proprietari delle azioni, gia' ricchi oltre misura. Negli ultimi anni queste operazioni di buy-back hanno raggiunto dimensioni tali da superare di gran lunga gli investimenti (il capitale fisso) delle imprese non finanziarie.

Colin Crouch - Combattere la postdemocrazia - Laterza (2020)

Il prezzo di mercato corrente, e' ormai, per chi redige i bilanci come per chi li rivede, lo strumento standard di valutazione di un'impresa. Questi sviluppi hanno profondamente modificato la concezione originaria della teoria economica classica, secondo cui il profitto e' un elemento residuale, cio' che rimane dei guadagni di una impresa dopo che questa ha pagato i fornitori, i lavoratori e gli altri soggetti che vantano diritti nei suoi confronti [...]

Al posto del profitto ci sono ora i rendimenti attesi dagli azionisti: che non sono un semplice elemento residuale, ma devono raggiungere determinati livelli, su un orizzonte temporale molto breve.

Realizzare questi obiettivi e' oggi, di fatto, il primo dovere di una impresa, prima di qualsiasi considerazione sul prezzo, sulla ricerca e sviluppo o sugli interessi dei dipendenti. Gli azionisti rimangono i principali soggetti che rischiano il proprio denaro.

Uno degli obiettivi chiave di questo nuovo corso nella corporate governance e' stato l'allineamento del management agli interessi degli azionisti [...]

I manager sono incentivati soprattutto a creare un clima adatto a convincere gli azionisti attuali e potenziali che l'azienda loro affidata prendera' iniziative di successo. Dedicare risorse alla ricerca e sviluppo o ad altre attivita' rischia, nel breve periodo, di ridurre l'apprezzamento del titolo, zavorrandone cosi' la performance in borsa [...]

L'effetto combinato delle misure di deregolamentazione e della centralita' del valore per gli azionisti ha dato un ruolo prioritario ai mercati finanziari secondari, in cui i titoli di una azienda vengono acquistati con l'intenzione di rivenderli subito, e non di guadagnare dal fatto che quell'azienda vende con successo i propri prodotti.

Chi acquista titoli li valuta in base al guadagno che ritiene di poter ricavare rivendendoli, e cosi' via, all'infinito o quasi.

Qualsiasi valutazione di una impresa finisce per basarsi su cio' che di quell'impresa altri pensano che altri penseranno e cosi' via; e a ogni passaggio le risorse finanziarie utilizzate per acquistare quei titoli si basano, a loro volta, sul valore futuro di quegli stessi titoli secondo chi finanzia le banche.

Si deve a questo processo se le imprese che operano in settori che "vanno di moda" (come Internet) raggiungono valutazioni di borsa altissime prima ancora di aver venduto un solo prodotto.

Ha-Joon Chang - Economia. Istruzioni per l'uso - il Saggiatore (2016)

Negli ultimi tre decenni e' emerso un nuovo sistema finanziario nel quale si sono moltiplicati nuovi e complessi strumenti frutto dell'innovazione (o ingegneria, come molti preferiscono chiamarla) finanziaria. Il processo e' stato largamente favorito dalla deregolamentazione finanziaria, vale a dire l'abolizione o l'attenuazione delle regole esistenti sulle attività finanziarie [...] Il nuovo sistema doveva essere piu' efficiente e piu' sicuro del precedente [...] fu invece del tutto ignorata la possibilita' che questi nuovi strumenti finanziari fossero troppo complicati per essere gestiti in sicurezza [...]

Il punto e' che, per quanto abilmente si possa accorpare, strutturare e derivare i prodotti finanziari, questi dipendono in ultima analisi dalla restituzione dei prestiti sottostanti, erogati per un mutuo subprime concesso in Florida, a una piccola azienda di Nagoya o a un tizio di Nantes per l'acquisto dell'auto. Inoltre, continuando a creare prodotti finanziari di ogni genere che collegano i diversi pezzi del sistema, di fatto si intensifica l'effetto che la mancata restituzione di questi prestiti puo' avere sul sistema stesso.

Ralf Dahrendorf - Dopo la crisi. Torniamo all'etica protestante? - Laterza (2015)

Si puo' poi riportare al centro delle decisioni anche un concetto che negli anni del dominante capitalismo di debito e' caduto nell'oblio, e cioe' il concetto di stakeholders. Con questo termine si intendono tutti coloro che magari non posseggono quote di partecipazione in un'impresa, e cioè non ne sono «azionisti» (shareholders), ma che hanno un interesse esistenziale alla sopravvivenza florida dell'azienda: i fornitori e i clienti, ma soprattutto gli abitanti delle comunità in cui le imprese operano. Per loro non è importante tanto la cogestione quanto il riconoscimento dei loro interessi da parte del management, il che a sua volta presuppone che i dirigenti sappiano guardare oltre il proprio naso e non abbiano occhi solo per i profitti e i bonus del prossimo trimestre.

Henri De Grossouvre - Parigi, Berlino, Mosca. Geopolitica dell'indipendenza europea - Fazi (2004)

Lo sviluppo finanziario e borsistico ha prodotto conseguenze nefaste anche sulle imprese.

Gli azionisti, il cui potere si e' accresciuto a discapito dei dirigenti d'impresa, esigono risultati a breve termine e impediscono loro di definire una strategia a lungo termine. La pressione degli investitori in azioni, fondi di pensione e altri titoli ad alto rischio determinano un'insopprimibile volatilita' sui mercati finanziari.

Secondo gli schemi della logica borsistica, un progetto societario sottintende sempre la possibilita' di profitti in rialzo, dunque un migliore rendimento del titolo quotato.

La direzione d'impresa che detiene un pacchetto di opzioni non definisce dunque la sua strategia in rapporto al mercato, alla soddisfazione del consumatore, ma in rapporto all'evoluzione degli indici di borsa che influenzano il suo patrimonio.

Pino Arlacchi - I padroni della finanza mondiale. Lo strapotere che ci minaccia e i contromovimenti che lo combattono - Chiarelettere (2018)

A proposito della finanza capitalistica dominante, siamo vittime di una colossale lacuna informativa. I media occidentali sono totalmente allineati con le ragioni dell'elite finanziaria e del suo fondamentalismo di mercato [...]
Giornali e televisioni hanno convinto la maggior parte degli europei che la stagnazione dei loro redditi, la sottoccupazione diffusa, gli shock finanziari, l'assenza di crescita economica siano come il maltempo o le catastrofi naturali. Ineluttabili e imprevedibili.
Oppure sono dovuti ai «diavoli del giorno» come il debito pubblico italiano, la concorrenza cinese, i russi padroni delle fonti energetiche, gli immigrati e i rifugiati.
Nei media europei e americani non viene spesa alcuna parola contro la speculazione e il parassitismo di chi scommette sugli spread, non finanzia le imprese industriali e promuove una liberalizzazione e privatizzazione dietro l'altra.
E nel frattempo interi paesi come il Regno Unito, l'Italia e la Grecia vengono degradati e depredati [...]
Il punto centrale che si evita di spiegare con parole chiare al largo pubblico e' questo: la presa del potere da parte della finanza ha creato un sistema nel quale i guadagni dell'economia, i profitti delle imprese, i risparmi dei cittadini non finanziano piu' nuove idee e nuovi progetti di investimento che creano lavoro e fanno salire stipendi e salari.
Il surplus economico resta all'interno del circuito finanziario e serve a sostenere la securitization, un bizzarro termine che indica la messa in sicurezza dei beni, ma che implica la mercificazione di tutto cio' che valga qualcosa.
Azioni, obbligazioni, merci, materie prime, mutui, case, proprieta' varie sono trasformati in prodotti commerciabili che vengono parcellizzati e giocati a dadi quante piu' volte possibile. Fino a che il gioco va male e tutto esplode, come nella grande crisi del 2008-2010.
E' stato calcolato che solo il 10-15 per cento dei flussi finanziari totali finisce nell'economia reale e nel sostegno di idee innovative.
Il resto rimane nel «capitalismo da casino'» che arricchisce finanzieri, grandi capitalisti, individui e famiglie superfacoltose: l'infausto 0,5 per cento della popolazione che detiene quasi la meta' della ricchezza mondiale.

Luciano Canfora, Gustavo Zagrebelsky - La maschera democratica dell'oligarchia - Laterza (2015)

Vorrei richiamare l'attenzione su questo punto, che secondo me e' il segno piu' caratteristico dell'epoca in cui viviamo.

In altri tempi, si poteva dire che potere e denaro fossero mezzi, non fini. La politica serviva ad altre cose, per esempio a rovesciare i rapporti di classe o a equilibrarli, a promuovere la cultura, ad alleanze e guerre di espansione, alla conquista di altri paesi e alla «civilizzazione» del proprio o di altri popoli.

Il denaro, a sua volta, veniva considerato uno strumento, per cose buone o per cose cattive, ma in ogni caso era finalizzato a qualcos'altro; gli Stati drenavano denaro con il prelievo tributario per fare guerre, per espandere i confini, per la gloria delle case regnanti, per alimentare lo splendore delle corti regie, e cosi' via.

Il denaro che produce denaro, come accade tipicamente nell'usura, e' stato nei secoli oggetto di condanna o, almeno, di sospetto.

Ma con la finanziarizzazione dell'economia, per di piu' in dimensione mondiale, il meccanismo del denaro che produce se stesso, il denaro investito al fine di produrre altro denaro, come nell'albero degli zecchini di Collodi, ha finito d'essere un mezzo ed e' diventato un fine [...]

C'e' da osservare che – rispetto a tutte le altre possibili materie dell'esperienza umana – denaro e potere hanno questa caratteristica, in qualche modo diabolica: che non bastano mai.

La tendenza e' accumulare all'infinito: accumulare denaro, accumulare potere, finche' ce n'e'. E quando non ce n'eì piu', produrlo per accumularlo.

Mariana Mazzucato - Il valore di tutto - Laterza (2018)

Una critica diffusa al capitalismo contemporaneo sostiene che esso ricompensi i "cacciatori di rendite" piuttosto che i veri "creatori di ricchezza".

La "caccia alla rendita" in questo contesto si riferisce al tentativo di generare reddito senza produrre niente di nuovo, ma facendosi pagare al di sopra del "prezzo di mercato", e tagliando fuori la competizione, attraverso lo sfruttamento di particolari vantaggi (inclusa la manodopera), o, nel caso di un'industria caratterizzata dalla presenza di grandi imprese, attraverso l'abilita' di queste ultime di impedire ad altre imprese di entrare sul mercato, ottenendo cosi' un vantaggio monopolistico. L'attivita' di caccia alla rendita e' spesso descritta in altri modi, come la prevaricazione di "quelli che prendono" (the takers) su "quelli che fanno" (the makers), o come il prevalere del capitalismo "predatorio" sul capitalismo "produttivo".

Thomas Fazi, Guido Iodice - La battaglia contro l'Europa. Come un'elite ha preso in ostaggio un continente. E come possiamo riprendercelo - Fazi (2016)

Dopo la fine del regime di Bretton Woods nel 1971, i paesi occidentali hanno progressivamente adottato i dettami di quello che viene chiamato neoliberismo.
Seguono la liberalizzazione dei commerci, l'eliminazione di limiti ai movimenti di capitali, l'indipendenza delle banche centrali dai governi e cosi' via.
La fine dell'aggancio con l'oro e con il dollaro, lungi dal dare ai governi maggiore liberta' nel gestire le politiche monetarie e fiscali, costringe a trovare una nuova "ancora" per il valore della moneta [...]
Il target inflazionistico, stabilito al 2 per cento, diviene il dogma di ogni banchiere centrale [...]
Cosi', per combattere l'inflazione le banche centrali aumentano i tassi di interesse. La disoccupazione che ne consegue e' il primo tassello di un processo che negli anni Ottanta porta alla drastica riduzione del potere dei sindacati in tutto il mondo occidentale.
La conseguenza e' che si', l'inflazione si riduce, ma con essa anche la capacita' dei lavoratori di conquistare salari piu' alti per godere anch'essi dei benefici dell'accresciuta produttivita'.
Mentre quest'ultima continua a crescere, il potere d'acquisto dei lavoratori rimane indietro. Si puo' produrre sempre di piu', ma non si ha il denaro per comprare.
Cosa tiene quindi in piedi questo sistema? Perché semplicemente non si innesca quella che gli economisti chiamano "crisi da sottoconsumo"?
La risposta e' che i liberisti sono sempre pronti a scendere a compromessi [...]
Se i redditi da lavoro non bastano, ecco che il credito e la finanza divengono la nuova fonte di domanda autonoma.
La "new economy" e' la nuova corsa all'oro [...]
Quando la bolla delle dot.com scoppia, ecco pronto il suo sostituto, stavolta molto più tradizionale: la bolla immobiliare. Il debito privato diviene via via sempre piu' gigantesco, anche da questa parte dell'oceano, per non parlare delle cosiddette "tigri asiatiche" e del Giappone.

Anche qui, il ruolo dello Stato e' tutt'altro che marginale [...]
Se il lavoro non e' un diritto, se il salario non permette di accrescere il
benessere familiare, allora il nuovo diritto diventa l'accesso al credito.

Prem Shankar Jha - Il caos prossimo venturo. Il capitalismo contemporaneo e la crisi delle nazioni - Neri Pozza (2015)

Il potere politico delle grandi aziende transnazionali [TNC] non
deriva unicamente dalle cifre, ma dalla concentrazione del potere economico [...] nelle mani di alcuni giganti commerciali. Alla fine del mil-
lennio, su un totale di 60.000 TNC, alle prime 100 corrispondevano
2100 miliardi di dollari di fatturato con una forza lavoro di 6 milioni di
dipendenti […]
Se a queste aggiungiamo le diverse centinaia di colossi del settore bancario, i fondi pensionistici, i fondi comuni di investimento, gli hedge
fund e le grandi compagnie assicuratrici, che fanno transitare ogni
giorno migliaia di miliardi di dollari oltre i confini nazionali, e che de-
tengono azioni in queste grandi aziende transnazionali per conto di centinaia di milioni di azionisti, possiamo cominciare a intravedere i con-
torni sia del potere che della vulnerabilita' economica che guida l'at-
tacco contro l'ordine westfaliano […]
Considerata la posta in gioco, non stupisce che la politica sia […] dive-
nuta schiava dell'economia.
La forza che spinge verso la transnazionalizzazione della produzione e'
la competizione.
Le grandi aziende transnazionali pertanto hanno non solo l'esigenza di
spostare la produzione nei luoghi in cui i salari sono piu' bassi, ma devono anche assicurarsi che ci sia il minor numero di ostacoli possibile
all'efficienza della produzione.

Henri De Grossouvre - Parigi, Berlino, Mosca. Geopolitica dell'indipendenza europea - Fazi (2004)
La globalizzazione liberista mira a distruggere tutte le strutture inter-
medie dell'esercizio del potere tra il cittadino, divenuto tragicamente
individuo, oggetto, consumatore, e il mercato mondiale [...]
Questa volonta' di eliminare i popoli, le nazioni e gli Stati sovrani e'
l'attributo principale del soggetto mondializzatore e/o globalista, quello
che incarna o rappresenta il nuovo potere polimorfo emergente su scala
planetaria. E questo significa privare la democrazia del suo campo istituzionale di esercizio, vuol dire più in generale abolire lo spazio politico.

Joseph E. Stiglitz - La grande frattura. La disuguaglianza e i modi per sconfiggerla - Einaudi (2016)

Il denaro puo' essere usato per comprare due tipi di cose: beni prodotti e beni fissi (come la terra).

Quando il denaro va ai primi, la domanda di quei beni aumenta e probabilmente anche la produzione (a meno che non vi sia uno strozzamento temporaneo di quest'ultima).

Ma quando il denaro va ai beni fissi, l'effetto e' uno solo: il valore di quell'asset cresce, ma non la sua quantita'.

Negli ultimi anni, le autorita' monetarie non hanno tenuto bene il timone della moneta. Le piccole imprese che avevano un disperato bisogno di liquidi sono rimaste a secco, mentre il denaro andava ad aumentare i valori azionari del mercato interno e i prezzi degli asset a livello globale.

Il risultato e' che ampie porzioni dei supposti stimoli derivanti dalle politiche monetarie sono finite nelle bolle dei prezzi degli asset, portando per esempio a un aumento del prezzo della terra.

Un incremento del credito si manifesta allora come un aumento di ricchezza, ma non dovremmo confondere le cose: il paese non ne esce piu' ricco. La quantità di asset e' esattamente la stessa.

Robert B. Reich - Come salvare il capitalismo - Fazi (2015)

Amministratori delegati, gestori di hedge fund, banchieri d'investimento, trader "ad alta frequenza", lobbisti e avvocati commerciali di alto livello [...] il lavoro che svolgono in gran parte si riduce a prendere del denaro da una serie di tasche per metterlo in altre, in una crescente attivita' a somma zero.

Per esempio, i trader ad alta frequenza approfittano delle informazioni che ricevono una frazione di secondo prima di altri operatori e cio' significa investimenti sempre piu' cospicui in sistemi elettronici che gli diano questo esile vantaggio.

Allo stesso modo, squadre di avvocati commerciali vengono pagate somme ingenti dai clienti perche' squadre di altri avvocati commerciali dell'altra parte sono pagate per attaccarli e difendere i propri clienti.

Questi professionisti non producono scoperte capaci di trasformare la societa' né creano opere d'arte che arricchiscano e migliorino la coscienza umana. Le loro innovazioni sono finanziarie e tattiche: trovare nuovi modi per spremere piu' soldi da una determinata serie di attivita', compresi i dipendenti, o per espropriare gli asset e i redditi di altre persone.

Thomas Fazi, Guido Iodice - La battaglia contro l'Europa. Come un'elite ha preso in ostaggio un continente. E come possiamo riprendercelo - Fazi (2016)

E' altrettanto vero che in molti paesi europei, tra cui l'Italia (e in generale in tutti i paesi avanzati), negli ultimi trent'anni il debito pubblico e' effettivamente aumentato in maniera molto significativa.

Ma questo non e' dovuto a un aumento della spesa pubblica in questo periodo – come sostengono i fautori dell'austerita' – quanto all'erosione delle entrate pubbliche, dovuta a una debole crescita economica, alla stagnazione dei salari e soprattutto alla controrivoluzione fiscale degli ultimi trent'anni.

In base alla convinzione – del tutto smentita dai fatti – che tasse piu' basse stimolino la crescita e finiscano per aumentare le entrate dello Stato, secondo la dottrina della trickle-down economics [teoria del gocciolamento dall'alto], gli Stati europei come del resto tutti i paesi avanzati, hanno iniziato dal 1980 a imitare la politica fiscale americana. Sono cosi' proliferati i tagli alle tasse e ai contributi sui profitti delle societa', sui redditi dei piu' ricchi, sui grandi patrimoni, sui contributi degli imprenditori ecc. [...]

Tali politiche fiscali hanno costretto i governi a prendere a prestito denaro dalle famiglie piu' ricche e dai mercati per finanziare i deficit cosi' creati. Si potrebbe a questo proposito parlare di effetto "jack-pot": con i soldi risparmiati sulle tasse, i ricchi hanno potuto acquistare i titoli del debito pubblico emessi per finanziare il deficit causato dalla riduzione delle tasse. E' sorprendente come i leader politici siano riusciti a convincere i cittadini che i lavoratori, i pensionati e i malati siano i responsabili del debito pubblico.

L'incremento del debito pubblico in Europa o negli USA non e' dunque il risultato di politiche keynesiane espansive o di costose politiche sociali, ma e' piuttosto il risultato di politiche in favore di pochi fortunati: tasse e contributi piu' bassi hanno aumentato il reddito disponibile di coloro che ne hanno meno bisogno.

Robert B. Reich - Come salvare il capitalismo - Fazi (2015)

I riacquisti [di azioni] non solo arricchiscono amministratori delegati e altri top manager a spese dei piccoli investitori che non ne conoscono i tempi o le entita'; sottraggono anche soldi che viceversa l'azienda potrebbe spendere in ricerca e sviluppo, espansione a lungo termine, riqualificazione dei lavoratori e salari piu' alti.

Ogni dollaro che gli amministratori delegati "realizzano" dalla vendita di azioni il cui valore e' stato pompato dai buyback richiede che molti piu' dollari della liquidità aziendale siano impiegati per i riacquisti. L'effetto perverso sulle priorita' delle imprese e' lampante.

Nei primi trent'anni dopo la seconda guerra mondiale, le maggiori aziende americane di solito trattenevano e reinvestivano i propri guadagni. Ma a partire dagli anni Ottanta, una porzione sempre piu' cospicua degli utili societari e' destinata ai buy-back.

Noam Chomsky - Crisi di civilta'. Pandemia e capitalismo - Ponte alle Grazie (2020)

L'attenzione per la massimizzazione dei profitti «non sempre e' coerente» nemmeno con la «sopravvivenza dell'umanita'», per prendere a prestito le parole contenute in un memo della piu' grossa banca statunitense, la JP Morgan Chase, trapelato sulla stampa.

Nel documento si legge, tra le altre cose, che «la sopravvivenza dell'umanita'» e' a rischio se continueremo a percorrere questa strada, e in questa strada sono inclusi anche gli investimenti della banca stessa nel settore dei combustibili fossili. La Chevron, per esempio, ha annullato un promettente progetto di energia sostenibile perche' c'e' piu' profitto nel distruggere la vita sulla Terra [...]

E giustamente, secondo la dottrina neoliberista.

Come ci hanno insegnato Milton Friedman e altri luminari neoliberisti, il compito dei dirigenti aziendali e' di massimizzare i profitti. Qualsiasi deviazione da questo dovere morale minerebbe le fondamenta del «vivere civile» [...]

La versione neoliberista del capitalismo e' in vigore dai tempi di Reagan e della Thatcher, e anzi era sorta poco prima. Non credo che ci sia bisogno di esaminarne nel dettaglio le tremende conseguenze.

La generosita' di Reagan verso i super ricchi ha una diretta rilevanza oggi che un altro salvataggio e' in corso. Reagan elimino' prontamente il divieto sui paradisi fiscali e su altri stratagemmi per scaricare l'onere fiscale sui cittadini, e fu lui ad autorizzare il riacquisto di azioni proprie (stock buyback) – uno strumento volto a gonfiare il valore dei titoli e arricchire il management aziendale e gli ultraricchi (che possiedono la maggior parte delle azioni) indebolendo al contempo la capacita' produttiva dell'impresa.

Tali cambiamenti hanno avuto conseguenze smisurate, nell'ordine delle decine di bilioni di dollari.

In generale, queste politiche sono state progettate per favorire una piccola minoranza mentre il resto si barcamena alla meno peggio. Per questo ci ritroviamo con una societa' in cui lo 0,1% della popolazione detiene il 20% della ricchezza mentre la meta' che si trova negli strati inferiori possiede un patrimonio netto negativo e tira avanti di stipendio in stipendio.

Marco D'Eramo - Dominio. La guerra invisibile dei potenti contro i sudditi - Feltrinelli (2020)
Vi e' un rapporto difficile tra capitalismo a dominante finanziaria da un lato e futuro dall'altro.
Il capitalismo industriale mette in conto i tempi lunghi del progettare e costruire un impianto, dotarlo delle infrastrutture necessarie, procurarsi materie prime adatte e maestranze qualificate, avviare la produzione, costruire reti di distribuzione dei prodotti,e quindi ragiona sul periodo medio-lungo.
Invece, quando acquista azioni di un'impresa, il fondo d'investimento pretende un ritorno immediato, e i suoi investitori esigono cedole trimestrali: l'orizzonte dell'investimento stesso si avvicina paurosamente, e' schiacciato sul prossimo trimestre, anzi sul prossimo mese.
Se la redditivita' di un'azienda scema per qualche trimestre, subito si comincia a considerare la possibilita' di smembrarla, farne lo spezzatino, venderla a tocchetti, tagliare i costi (licenziamenti, riduzioni dei salari).
All'investitore finanziario non interessa se l'impresa di cui ha comprato un pacchetto azionario produce cellulari o ferri da stiro, o collant di nylon.

Chi difende il "libero mercato" dai monopoli,
dagli oligopoli, dai redditieri?

Slavoi Zizek - Dalla tragedia alla farsa. Ideologia della crisi e superamento del capitalismo - Ponte alle Grazie (2013)

Un paio d'anni fa, un report della cnn dal Mali descriveva la realta' del «mercato libero» internazionale.

I due pilastri dell'economia del Mali sono il cotone al sud e il bestiame bovino al nord, ed entrambi attraversano delle difficolta' a causa del modo in cui le potenze occidentali violano le medesime regole che esse cercano di imporre alle nazioni povere del Terzo Mondo.

Il Mali produce cotone di ottima qualita', ma il problema e' che il sostegno finanziario del governo statunitense ai propri produttori di cotone equivale a piu' dell'intero bilancio statale del Mali, quindi non e' sorprendente che il Mali non possa competere.

Al nord, il colpevole e' l'Unione Europea: la carne di manzo del Mali non puo' competere con il latte e la carne di manzo europei fortemente sovvenzionati. L'Unione Europea sovvenziona ogni singola vacca con circa 500 euro all'anno: piu' del reddito pro capite nel Mali.

Come ha affermato il ministro dell'economia del Mali: non abbiamo bisogno del vostro aiuto o dei vostri consigli o delle vostre lezioni sugli effetti benefici dell'abolizione di un'eccessiva regolazione da parte dello Stato; per favore, limitatevi ad attenervi alle vostre stesse regole riguardanti il libero mercato e i nostri problemi saranno fondamentalmente risolti...

Dove sono i difensori repubblicani del libero mercato qui?

Il crollo del Mali dimostra la realta' di cosa significa per gli Stati Uniti «mettere il paese al primo posto» [...]

Tutto cio' indica chiaramente che non esiste qualcosa di simile a un libero mercato: in ogni situazione particolare le configurazioni del mercato sono sempre regolate da decisioni politiche.

Carlo Formenti - La variante populista. Lotta di classe nel liberismo - Derive Approdi (2016)

L'economia reale e' sempre piu' controllata da oligopoli e monopoli (anche per l'assenza di legislazioni antitrust realmente in grado di limitarne il dominio).

Ma il vero problema [...] e' politico, visto che sono le decisioni politiche a determinare in che misura le imprese possono esercitare il potere di mercato.

Del resto, potere di mercato e potere politico si rafforzano a vicenda, come dimostra il fatto che la grande svolta verso la disuguaglianza e' coincisa con la sterzata a destra della classe politica americana, la quale:
1) ha deregolamentato l'attivita' bancaria ed evitato di disciplinare gli eccessi della finanza «creativa»;
2) ha ridotto il potere contrattuale dei lavoratori smantellandone le organizzazioni sindacali;
3) si e' progressivamente integrata con le elite economiche grazie alla crescita dei contributi elettorali, all'attivita' delle lobby e alla pratica della revolving door (lo scambio di ruoli fra manager pubblici e privati).

Thomas Fazi, Guido Iodice - La battaglia contro l'Europa. Come un'elite ha preso in ostaggio un continente. E come possiamo riprendercelo. - Fazi (2016)

In Europa l'impatto delle politiche neoliberiste (e in particolare della liberalizzazione dei flussi di capitale) sui livelli di disuguaglianza e sui bilanci pubblici e' stato per certi versi piu' deleterio che altrove per due motivi: la pratica del dumping fiscale e il proliferare di numerosi paradisi fiscali nel cuore del continente.

Il dumping fiscale e' una forma di concorrenza fiscale in cui gli Stati europei competono tra di loro nell'abbassare le aliquote sulle imprese e sui redditi alti nel tentativo di attrarre investimenti e capitali, in una folle corsa al ribasso. E' uno dei motivi per cui oggi l'UE presenta in media uno dei livelli di tassazione d'impresa piu' bassi al mondo. Questa pratica permette ad alcune delle piu' grandi imprese transnazionali del mondo che operano in Europa di pagare ancora meno dell'aliquota media europea, gia' bassa di suo, attraverso il fenomeno del transfer pricing, una forma di elusione fiscale del tutto legale che permette alle aziende di spostare i profitti verso i paesi a fiscalita' agevolata – tra cui spiccano l'Irlanda, la Svizzera, l'Olanda e il Lussemburgo –, a prescindere dal paese in cui vendono i loro prodotti [...]

Un fenomeno che ha ricadute ancora piu' pesanti sui conti pubblici: l'evasione fiscale, che e' a sua volta collegata al problema dei paradisi fiscali.

Secondo la "lista nera" stilata dall'organizzazione britannica Tax Justice Network, esistono settantatre paradisi fiscali al mondo (secondo l'OCSE, gli unici due paradisi fiscali rimasti al mondo sarebbero le due isole-nazioni di Nauru e di Niue). Incredibilmente, tra i venti maggiori paradisi fiscali al mondo, otto di questi – Svizzera, Lussemburgo, Jersey, Germania («destinataria di grossi volumi di flussi illeciti da varie parti del mondo»), Regno Unito, Belgio, Austria e Cipro – si trovano in Europa (e con l'eccezione della Svizzera e di Jersey fanno parte dell'Unione Europea). Nella lista sono inclusi anche molti altri paesi europei, tra cui l'Irlanda, i Paesi Bassi, l'Italia, la Danimarca, il Portogallo, la Spagna e l'Ungheria [...]

Il denaro che i governi europei perdono a causa dell'evasione fiscale e' superiore a quello che spendono ogni anno per la salute dei loro cittadini.

Ancora piu' scioccante e' il fatto che in 16 paesi dell'UE – e nell'UE nel suo complesso – il buco di bilancio imputabile all'economia sommersa e' superiore al disavanzo pubblico annuale; questo vuol dire che risolvere il problema dell'evasione fiscale sarebbe sufficiente, in teoria, ad azzerare tutti i deficit pubblici dell'Unione [...]

Detto in parole semplici, negli ultimi decenni gli Stati hanno rinunciato a tassare i grandi patrimoni – attivamente per mezzo di politiche fiscali antiredistributive o passivamente, tollerando il fenomeno dell'evasione fiscale – e hanno iniziato a chiedere loro in prestito, con il dovuto interesse, i soldi che hanno smesso di chiedere loro sotto forma di imposizione fiscale.

In pratica, il debito pubblico, da strumento di politica economica nell'interesse pubblico, si è trasformato progressivamente in un meccanismo di "welfare al contrario".

David Harvey - Diciassette contraddizioni e la fine del capitalismo - Feltrinelli (2014)

[Riguardo alla] relazione fra cambiamento tecnologico, futuro del lavoro e ruolo del lavoro in rapporto al capitale [...] bisogna che il potere d'acquisto, delle "famiglie" cessi di dipendere dal volume, di lavoro che l'economia consuma. E' necessario che la popolazione, anche se fornisce un numero decrescente di ore di lavoro, guadagni di che acquistare il volume crescente di ricchezza prodotta: la riduzione della durata del lavoro non deve comportare la diminuzione del potere d'acquisto [...]

Segmenti sempre piu' ampi della popolazione mondiale saranno considerati ridondanti e inutili come lavoratori produttivi, dal punto di vista

del capitale, e avranno grandi difficolta' a sopravvivere, sia material-
mente che psicologicamente. Alienati da ogni prospettiva di un'esistenza dotata di significato nel regno del lavoro necessario come definito
dal capitale, dovranno cercare altrove per costruirsi una vita dotata di
significato. Dall'altra parte, la produzione aumentera', ma da dove potra'
arrivare il corrispondente aumento della domanda?

Mariana Mazzucato - Il valore di tutto - Laterza (2018)
Contrariamente ai buoni propositi dei pionieri di internet, gli
effetti della rete stanno progressivamente centralizzando internet po-
nendo un'enorme concentrazione di potere di mercato nelle mani di
pochi.
La sola Google detiene il 70% delle ricerche online negli Stati Uniti e
il 90% in Europa. Facebook ha piu' di 1,5 miliardi di utenti, un quarto
della popolazione mondiale, un abisso davanti ai suoi concorrenti. Amazon ha ora circa la meta' del mercato dei libri negli Stati Uniti, per non
parlare degli e-book. Sei aziende (Facebook, Google, Yahoo, AOL,
Twitter e Amazon) rappresentano il 53% del mercato pubblicitario digitale (le sole Google e Facebook hanno il 39%).
Una tale preminenza implica che i giganti del web possono imporre le
loro condizioni agli utenti e alle aziende clienti.

**Pierluigi Fagan - Verso un mondo multipolare. Il gioco di tutti i gio-
chi nell'era Trump - Fazi (2017)**
La dinamica neoliberale di contrazione del potere d'acquisto
dei salari per reggere la globalizzazione e, almeno in Europa, di crescita
della disoccupazione oltre alle estensioni progressive dei limiti del lavoro, spostando l'eta' pensionabile, che occludono il ricambio generazionale e le dissennate politiche di austerita', deprivano i mercati della
materia prima, la domanda, mentre continua a crescere l'offerta.
In piu', i tassi demografici occidentali sono perlopiu' in contrazione.
La deriva finanziaria di quella che era un'economia di produzione e
scambio e' altresi' responsabile dell'aggravarsi delle diseguaglianze e
dell'impoverimento delle classi medie i cui consumi non sono certo sostituiti da quelli dell'esigua classe dei ricchissimi, i quali oltretutto pagano le tasse offshore. Cioe' non le pagano.
Tutto cio' contrae anche la base imponibile con riflessi sui bilanci pubblici i quali, restringendo i servizi sociali, aumentano la spesa per le
sempre piu' limitate sostanze delle famiglie.

L'ipotesi di stagnazione o di crescita debole e l'assenza di inflazione minano alla base la possibilita' di rientro dal debito, gia' molto alto e in costante crescita.

David Harvey - L'enigma del capitale e il prezzo della sua sopravvivenza - Feltrinelli (2011)

L'importanza dell'illimitatezza del potere del denaro non potra' mai essere sottolineata abbastanza.

I gestori dei maggiori hedge fund di New York nel 2005 hanno rastrellato 250 milioni di dollari a testa in compensi individuali; nel 2006 il principale gestore ha guadagnato 1,7 miliardi di dollari, e nel 2007, un anno disastroso per la finanza globale, cinque di loro (incluso George Soros) hanno realizzato circa 3 miliardi di dollari ciascuno.

Ecco cosa intendo quando affermo che il denaro e' una forma di potere sociale illimitato [...]

Non c'e' un limite intrinseco ai miliardi di dollari che il singolo individuo puo' accumulare.

L'illimitatezza del denaro, e l'inevitabile desiderio di impossessarsi del potere sociale che questo conferisce, creano una vasta gamma di incentivi sociali e politici ad accumularne quantita' sempre maggiori; e una maniera essenziale di ottenere sempre piu' denaro e' quella di reinvestire parte dell'eccedenza di fondi guadagnati ieri per generare altra eccedenza domani [...]

Il denaro e' una forma di potere sociale di cui ci si puo' appropriare e che, per di piu', non presenta un limite intrinseco, a differenza della quantita' di terreni che si possono possedere o alla quantita' di risorse fisiche che si possono controllare.

Quali cause hanno portato all'aumento della disuguaglianza economica? Eccessiva disoccupazione, riduzione dei salari, concentrazione della ricchezza in mano a pochi dovuta alla finanziarizzazione dell'economia?

David Harvey - L'enigma del capitale e il prezzo della sua sopravvivenza - Feltrinelli (2011)

Per come la vedo io, il termine [neoliberismo] si riferisce a un progetto di classe che ha preso corpo durante la crisi degli anni settanta.

Mascherato da una buona dose di retorica sulle liberta' individuali, la responsabilita' personale e le virtu' della privatizzazione, del libero mercato e del libero scambio, questo progetto ha legittimato una serie di politiche draconiane mirate a ristabilire e a consolidare il potere della classe capitalista.

A giudicare dall'incredibile concentrazione della ricchezza e del potere osservabile in tutti i paesi che hanno preso la strada neoliberista, questo progetto ha avuto successo, e non c'e' prova che sia morto.

Per esempio, uno dei principi pragmatici fondamentali emersi negli anni ottanta e' che il potere statale dovrebbe proteggere gli istituti finanziari a qualsiasi costo [...], principio, che e' in aperta contraddizione con il non interventismo propugnato dalla teoria neoliberista [...]

Detto grossolanamente, il principio consiste nel privatizzare i profitti e socializzare i rischi, nel salvare le banche e spremere la gente.

Michele Alacevich, Anna Soci - Breve storia della disuguaglianza - Laterza (2019)

L'obiettivo della teoria economica divenne l'allargamento delle opportunita' di impiego e la promozione della crescita poiche' si desiderava ingrandire la torta piuttosto che distribuire fette piu' uguali per tutti, nella convinzione che con una torta piu' grande a tutti sarebbero toccate fette piu' grandi, e che fosse la dimensione assoluta delle fette a contare piuttosto che quella relativa.

Oggi, questa visione e' messa fortemente in dubbio.

La ricerca economica si e' interessata solo di recente alla distribuzione personale dei redditi, e uno dei motivi, se non il principale, e' che i paesi economicamente sviluppati stanno attualmente vivendo un allarmante grado di disuguaglianza.

La disoccupazione prolungata, la riduzione dei salari, un crescente accumulo di ricchezza da parte di pochi individui associata ad una stagnazione dei redditi del resto della popolazione, una scala sociale piu' ripida e un accesso all'istruzione ostacolato dalle piu' difficili condizioni finanziarie sono tra i fattori principali che nel XXI secolo hanno portato la distribuzione del reddito al centro della scena.

Inoltre, la globalizzazione non ha prodotto cio' che prometteva in termini di crescita e uguaglianza tra paesi, e sta influenzando in modo deciso – e non sempre positivo – i processi economici e distributivi all'interno delle singole nazioni.

Dunque, la disuguaglianza economica e' in prima linea nel dibattito politico odierno, probabilmente perche' i movimenti sociali emersi hanno costretto gli economisti a rivolgervi lo sguardo.

Carlo Formenti - La variante populista. Lotta di classe nel liberismo - Derive Approdi (2016)

[Avanza] la tesi secondo cui «uno scarto apparentemente limitato fra il tasso di rendimento del capitale e il tasso di crescita puo' produrre nel lungo periodo effetti estremamente potenti e destabilizzanti sulla struttura e sulla dinamica delle disuguaglianze in una determinata societa'.

Detto con altre parole: se il tasso di rendimento del capitale e' nettamente superiore al tasso di crescita, ne discende che «i morti mangiano i vivi», cioe' che i capitali accumulati in passato aumentano piu' in fretta di quelli generati dalla crescita economica nel presente.

Secondo tale tesi, il processo di accumulazione del capitale, in certe condizioni, dipenderebbe meno dal tasso di profitto che dalle rendite: il capitale «tende sempre a trasformarsi in rendita dal momento che si accumula illimitatamente».

Ma cio' significa che la causa primaria della disuguaglianza e del suo costante aumento coincide con la possibilita' di trasmettere ai propri discendenti la ricchezza accumulata: l'ineguaglianza generata dal capitale e' sempre piu' forte di quella generata dal lavoro.

Joseph E, Stiglitz - La grande frattura. La disuguaglianza e i modi per sconfiggerla - Einaudi (2016)

La disuguaglianza che affligge la nostra societa' – i livelli estremi che ha raggiunto, le forme in cui si manifesta – non e' inevitabile; non e' il risultato di leggi inesorabili dell'economia o della fisica;

e' una questione di scelte le quali, a loro volta, dipendono dalla politica. Abbiamo pagato questa disuguaglianza a caro prezzo, soprattutto nel decennio scorso, con la crisi e le sue conseguenze.
Ma e' un prezzo che continueremo a pagare in futuro – e sara' sempre piu' alto – se non riusciremo a modificare le politiche che ci hanno portati fin qui. [...]
Tra gli eventi scatenanti che hanno portato a una maggiore disuguaglianza possiamo citare l'inizio della deregulation del settore finanziario e la sempre minore progressivita' del sistema fiscale.
La deregulation ha portato all'eccessiva finanziarizzazione dell'economia.

Pino Arlacchi - I padroni della finanza mondiale. Lo strapotere che ci minaccia e i contromovimenti che lo combattono - Chiarelettere (2018)

L'espansione finanziaria di questi decenni e' strettamente connessa all'aumento della disuguaglianza e all'abnorme rigonfiamento delle fortune personali.
La ricchezza liquida – originata dai dividendi azionari, dai guadagni di capitale, dalle transazioni e dagli investimenti finanziari – che si e' accumulata nelle centrali di gestione della liquidita' globale e' passata dalla cifra quasi insignificante di 100 miliardi di dollari nel 1990 a 6 trilioni alla fine del 2013.
E non bisogna illudersi sul fatto che la crisi del 2008-2010 abbia dato un colpo devastante al tesoro dei Paperoni mondiali.
Il colpo c'è stato si' nel 2008, ma e' durato solo un anno e nel 2013 i patrimoni dei super ricchi erano tornati a superare del 30 per cento i valori del 2007.
Se poi si considerano i beni degli ultra super ricchi, quelli dello 0,5 per cento, il loro recupero e' stato ancora piu' cospicuo, poiche' nel 2014 i loro patrimoni erano dell'85 per cento piu' consistenti rispetto al 2007.

Pedro Banos - Cosi' si controlla il mondo - Rizzoli (2020)

Secondo il rapporto pubblicato il 24 maggio 2016 sulla pagina web Investopedia, le cinque famiglie piu' ricche del mondo sono:
• I Rothschild [...]
Le ramificazioni di questa estesa dinastia, che ha fatto della discrezione il suo marchio identificativo, continuano ad accumulare una fortuna immensa, stimata in addirittura 2.000 miliardi di dollari [...]

• La dinastia saudita, la cui fortuna si calcola in circa 1.400 miliardi di dollari.
• La famiglia statunitense Walton, che possiede i grandi magazzini Walmart e circa 152 miliardi di dollari. I dipendenti sono oltre 2,2 milioni e sono il piu' grande datore di lavoro non statale del mondo.
• La famiglia Koch, anch'essa statunitense, con circa 89 miliardi di dollari investiti in numerosi affari.
• La famiglia Mars, statunitense e proprietaria della più grande compagnia privata di snack dolci. La sua fortuna è di circa 80 miliardi di dollari

David Pilling - L'illusione della crescita. Perche' le nazioni possono essere ricche senza rinunciare alla felicita' - il Saggiatore (2019)

Secondo l'Ocse, la disuguaglianza e' aumentata per tre motivi principali.
Sono cresciuti i salari di quelle persone che erano gia' ben pagate, in particolare banchieri, professionisti e dirigenti d'azienda; ci sono meno opportunita' occupazionali per le persone con minor livello di istruzione, che sono state espulse in gran numero dal mercato del lavoro; e sono aumentate le famiglie monoparentali.
E' diminuita la poverta' fra gli anziani, ma fra i giovani adulti, specialmente quelli con figli, e' salita drasticamente.
La graduale ripresa dopo la crisi finanziaria ha fatto poco o nulla per intaccare la disuguaglianza.
In genere, quando le economie si riprendono, la disuguaglianza diminuisce a mano a mano che le persone trovano lavoro, ma questa volta il fenomeno e' stato compensato da una risalita dei prezzi delle attivita', che avvantaggia in primo luogo quelli che gia' se la passano meglio.

Michele Alacevich, Anna Soci - Breve storia della disuguaglianza - Laterza (2019)

La disuguaglianza e' stata riconosciuta come un problema urgente non solo per nazioni periferiche, remote e meno sviluppate, ma anche per i paesi industrializzati al centro del mondo capitalista e democratico.
Le difficolta' sempre maggiori del welfare state e la crisi della rappresentanza attraversata da molte socialdemocrazie l'hanno portata ai primi posti dell'agenda politica.
La discussione si e' concentrata su un numero di politiche diverse [...]

1) Politiche fiscali [...] La proposta di Piketty per ridurre la disuguaglianza tra i membri della comunita' nazionale e' di aumentare notevolmente la progressivita' del sistema fiscale in modo che le fasce piu' alte di imposta raggiungano un'aliquota fiscale di circa l'80%. Ovviamente, cio' richiederebbe un forte coordinamento internazionale, altrimenti i super-ricchi si trasferirebbero semplicemente in uno Stato con una tassazione a loro piu' favorevole [...]

2) Riforme istituzionali del mondo societario [...] Questi interventi dovrebbero aumentare la trasparenza delle operazioni finanziarie e mirare a frenare comportamenti eccessivamente rischiosi o puramente speculativi, l'assenza di responsabilita' da parte dei manager e gli incentivi a privilegiare il guadagno di breve periodo che arricchiscono i manager rispetto alla solidita' di lungo periodo che favorisce gli investitori. Una proposta ulteriore per penalizzare la speculazione e' la tassazione delle transazioni a breve termine sul mercato dei cambi [...]

3) Politiche dell'istruzione [...] Il progresso tecnologico e', secondo un ampio consenso, skill-biased, ovvero richiede lavoratori sempre piu' qualificati. L'investimento in capitale umano e' quindi una forza perequativa fondamentale nella misura in cui consente alle persone di accedere a un'istruzione di alto livello e al passo con una tecnologia che necessiti di una manodopera sempre piu' qualificata [...]

4) Disuguaglianza e mobilità sociale. Il divario economico, in altre parole, passa da una generazione all'altra, e una piu' alta disuguaglianza in una generazione porta a una piu' alta disuguaglianza in quella successiva, minando la mobilita' intergenerazionale.

Joseph E. Stiglitz - Invertire la rotta. Disuguaglianza e crescita economica - Laterza (2018)

Ci sono quattro aree in particolare che potrebbero incidere significativamente sull'alto livello di disuguaglianza [dei redditi] oggi esistente.

La prima area e' quella dei compensi dei dirigenti: sono diventati eccessivi (specialmente negli Stati Uniti) e i meccanismi di remunerazione basati sulle stock options sono difficili da giustificare [...]

La seconda area e' la macroeconomia: sono necessarie politiche capaci di mantenere la stabilita' economica e la piena occupazione. Un alto tasso di disoccupazione colpisce maggiormente gli strati bassi e medi della distribuzione del reddito. Oggi i lavoratori sono penalizzati da tre fattori: l'alto tasso di disoccupazione, i salari deboli e i tagli ai servizi

pubblici, dovuti al fatto che quando l'economia va male scendono anche le entrate dello Stato [...] E non c'e' bisogno di aumentare il debito pubblico in rapporto al Pil: progetti infrastrutturali implementati con intelligenza si ripagherebbero da soli, considerando che l'aumento del reddito (e quindi gli introiti fiscali) compenserebbe ampiamente l'aumento della spesa pubblica [...]
La terza area e' l'istruzione: per combattere la disuguaglianza servono investimenti pubblici in questo campo. Il livello e la qualita' dell'istruzione sono un fattore determinante per il reddito di un lavoratore [...]
La quarta area e' la tassazione: questi investimenti pubblici tanto necessari potrebbero essere finanziati attraverso una tassazione equa e completa dei redditi da capitale, che contribuirebbe a contrastare ulteriormente l'aumento della disuguaglianza riducendo il rendimento netto sul capitale ed evitando che quei capitalisti che risparmiano buona parte del loro reddito accumulino ricchezza a un ritmo superiore alla crescita dell'economia globale, con conseguente aumento delle disparita' di ricchezza.

Stefano Azzara' - Il virus dell'occidente. Universalismo astratto e sovranismo particolarista di fronte allo stato di eccezione - Mimesis (2020)

L'Occidente deve fare i conti con un incremento vertiginoso delle diseguaglianze e degli squilibri nella distribuzione del reddito, legati in larga parte al fatto che, a causa di decisive trasformazioni nell'organizzazione del lavoro ma anche in seguito alla rivoluzione tecnologica e alla mobilizzazione dei capitali e delle persone, in particolare con le esternalizzazioni della produzione e dei servizi, "il capitale e i capitalisti stanno diventando piu' importanti del lavoro e dei lavoratori e quindi stanno acquisendo piu' potere economico e politico [...]
La concentrazione dei capitali e la crescita della quota del capitale nel reddito nazionale rispetto al reddito da lavoro e' il segno di una "crescente disuguaglianza tra gli individui" [...]
Questa concentrazione si trasmette oltretutto su scala generazionale, determinando un movimento verso "la creazione di una classe superiore auto-perpetuante" e dando cosi' vita a una stabile "polarizzazione tra le elite e il resto della popolazione", un effetto "che rappresenta la minaccia piu' importante per la redditivita' a lungo termine del capitalismo liberale". La polarizzazione viene accresciuta dal fatto che questa concentrazione di potere - che e' anche una concentrazione dell'educa-

zione superiore e che si manifesta in un gretto separatismo di classe che sottrae risorse alla fiscalita' generale - assieme al declino delle organizzazioni sindacali, consente sempre piu' alle elite, attraverso i finanziamenti ai partiti politici e ai comitati elettorali, di condizionare le politiche dello Stato, rimuovendo gli elementi redistributivi che facilitavano la mobilita' sociale e generazionale e mettendo di fatto fine all'"American Dream" assieme al vecchio welfare novecentesco.

Da qui una grave crisi della middle class, la quale perde il proprio "ruolo chiave" nella politica e nell'economia a favore di una "classe superiore che autoperpetua se stessa", facendo si' che la democrazia diventi "un'oligarchia" nella quale potere economico e potere politico coincidono sempre piu' strettamente [...]

Proprio la genesi di questa superclasse potrebbe fare da apripista nel "mondo libero" al capitalismo politico in stile cinese, dal quale questa elite potrebbe avere vantaggi considerevoli: desiderabile anche per molte persone normali a causa degli alti tassi di crescita che sembra promettere, "il capitalismo politico presenta alcune caratteristiche che lo rendono attraente per le elite politiche nel resto del mondo e non solo in Asia", visto che questo sistema conferirebbe loro "maggiore autonomia" e "un management piu' efficiente dell'economia", oltre a "piu' alti tassi di crescita".

Se "la gerarchia produce maggiore efficienza e salari piu' alti" rispetto alla democrazia, e' chiaro infatti che "altri diritti democratici possono essere ceduti volentieri per entrate piu' alte"[...]

Piu' il potere economico e politico nel capitalismo liberale divengono uniti", dunque, "più il capitalismo liberale diventa plutocratico e viene a somigliare al capitalismo politico".

Fareed Zakaria - Il mercato non basta. Dieci lezioni per il mondo dopo la pandemia - Feltrinelli (2021)

Come abbiamo visto, le stime storiche pongono la disuguaglianza in America ai massimi dopo la Grande depressione, e gli studi delle agenzie governative lo confermano nei recenti decenni. [...]

Se ci concentriamo sul 10 per cento che sta in cima, o ancor peggio sull'1 per cento, il gap e' aumentato in maniera ancora piu' netta. Questi gruppi hanno visto crescere la loro quota di reddito nazionale quasi ovunque nel mondo, ma tra le nazioni sviluppate nessuna ha avuto un picco superiore a quello degli Stati Uniti.

Nel 1970 il primo 1 per cento di percettori di reddito accaparrava meno del 10 per cento del reddito complessivo nazionale. Nel 2019 si e' passati al 20. Di contro, il 50 per cento inferiore ha visto la propria quota andare nella direzione opposta, dal 22 per cento nel 1970 al 15 odierno. E per finire, quando calcoli la disuguaglianza secondo patrimonio e non per reddito, i risultati sono al limite dell'inimmaginabile. Il primo 10 per cento degli americani possiede quasi il 70 per cento della ricchezza totale del paese, da case e automobili ad azioni e titoli, mentre l'ultimo 50 per cento possiede solo l'1,5 per cento del patrimonio complessivo.

David Harvey - Cronache anticapitaliste. Guida alla lotta di classe per il XXI secolo - Feltrinelli (2021)

Margaret Thatcher aveva coniato quella sua frase famosa: "There is no alternative" (Tina), "Non esiste alternativa". Non solo aveva in mente di cambiare l'economia, voleva cambiare anche il modo di pensare della gente e l'intera cultura economica. La mentalità che veniva promossa era quella dell'individualismo, della responsabilità personale e dell'automiglioramento. Avremmo dovuto essere tutti imprenditori di noi stessi e investire in noi stessi.Così, se fossimo finiti in povertà, sarebbe stato perché non avevamo investito nel modo giusto su noi stessi: se ci fossimo ritrovati poveri, sarebbe stata colpa nostra. Non colpa del sistema. Se avessimo perso la casa per pignoramento, non sarebbe stata colpa del sistema, ma nostra. C'era questa idea del fare affidamento su se stessi

*Quali sono le conseguenze dell'eccessiva disuguaglianza
dei redditi, dell'accumulo della ricchezza e,
conseguentemente, del potere economico e politico?*

**Michele Alacevich, Anna Soci - Breve storia della disuguaglianza -
Laterza (2019)**

Disuguaglianza e democrazia [...]

La filosofia di fondo per sostenere una distribuzione squilibrata delle risorse economiche era (e in parte e' ancora) la solita argomentazione «a cascata» (una percolazione verso il basso di cio' che di positivo avviene nelle zone di vertice di una economia) e la preoccupazione principale e' ancora una volta la dimensione della torta dei guadagni.

La visione tradizionale sosteneva che la disuguaglianza aumentasse il risparmio aggregato, il che a sua volta avrebbe prodotto un aumento degli investimenti e la crescita del PIL.

Questa catena causale teorica, tuttavia, non e' cosi' solida come potrebbe sembrare.

Il legame diretto tra risparmio e accumulazione di capitale e' stato messo in discussione fin dagli anni Trenta, in particolare da John Maynard Keynes, che ha sottolineato il ruolo cruciale delle aspettative – piu' che del risparmio – nel determinare la domanda di capitale reale. Inoltre, anche all'interno di un quadro di aspettative ottimistiche, il comportamento inerziale del settore bancario e finanziario – spesso piu' incline alla speculazione finanziaria che a sostenere l'attivita' delle imprese (almeno quelle prive di garanzie cospicue) – puo' diventare un ostacolo imponente per il processo di accumulazione del capitale.

Il risparmio, in altre parole, non e' di per se' una condizione sufficiente per gli investimenti [...]

Profitti elevati, uniti alla diminuzione dei salari, portano a una domanda di beni di consumo debole (a meno che il credito al consumo non sostenga la domanda).

Quest'ultima circostanza porta ad aspettative al ribasso da parte delle imprese, scoraggiando il loro interesse per gli investimenti reali e aumentando la spinta alla speculazione finanziaria [...]

Il ruolo crescente del sistema bancario e del settore finanziario in generale nonche' la loro influenza sempre piu' forte sul processo decisionale porta inevitabilmente alla deregolamentazione e a politiche fiscali meno progressive.

Questa spaccatura tra l'arricchimento dei pochi e l'interesse dei molti finisce per sabotare la crescita stessa: dagli anni Ottanta, il rallentamento della crescita economica e della produttivita' nelle principali economie mondiali e' diventato pressoche' costante, contribuendo all'instaurarsi di un regime di instabilita'. La torta e' cresciuta meno del previsto, o si e' decisamente ridotta [...]
Gli studi degli anni Novanta hanno messo in luce che la risposta alla domanda se la disuguaglianza interna rallenti la crescita di una nazione e' probabile che sia affermativa, anche se la direzione di causalita' non e' facile da accertare. Piu' importante ancora, a nostro parere, e' che l'argomentazione «a cascata» risulta contraddetta, dato che i ricchi esercitano pressione per l'approvazione di politiche per loro vantaggiose, ma che potrebbero danneggiare il resto dell'economia come nel caso della formazione di capitale umano [...]
Dunque, il legame tra disuguaglianza e democrazia e' di nuovo un processo che si autoalimenta: se la disuguaglianza ostacola o rallenta lo sviluppo economico, si indeboliscono alcuni dei puntelli della democrazia, e cio' non giova allo sviluppo stesso.

Pankaj Mishra - L'eta' della rabbia - Mondadori (2018)

Il mondo non ha mai visto un accumulo di ricchezze piu' grande, né una cosi' diffusa fuoruscita dalla deprivazione materiale.
I frutti della creativita' umana – dagli smartphone alla ricostruzione con le cellule staminali – continuano a crescere. Ma questi standard del progresso, ampi e abituali, nascondono quanto e' squilibrata la distribuzione delle opportunita': per esempio, tra il 1988 e il 2011 quasi meta' dell'incremento del reddito mondiale e' finita nelle tasche del decimo piu' ricco dell'umanita' e, anche nei paesi ricchi, continua a crescere il divario delle aspettative di vita a seconda della classe sociale.
In un mondo economicamente stagnante, che a tutti offre un sogno di autonomia individuale ma nessun sogno realizzabile di cambiamento politico, il richiamo del nichilismo attivo non puo' che crescere.

Michele Alacevich, Anna Soci - Breve storia della disuguaglianza - Laterza (2019)

Secondo l'Economic Policy Institute di Washington DC, nel 1965 la remunerazione di un amministratore delegato negli Stati Uniti era ventiquattro volte superiore a quella di un lavoratore medio; nel 1978 il rapporto era 35 a 1; nel 2007, 277 a 1; e nel 2010, due anni dopo l'inizio della recessione globale, 243 a 1.

Secondo Raghuram Rajan, ex capo economista del FMI, ancora piu' preoccupante e' l'allargamento del divario verificatosi non solo tra i miliardari (che rappresentano lo 0,01% piu' ricco della distribuzione mondiale del reddito) e il resto della popolazione, ma anche tra il reddito degli appartenenti al 90° percentile (vale a dire chi guadagna piu' di quanto guadagni il 90% della popolazione) – per esempio gli alti dirigenti – e sia chi si trovi al fondo della scala retributiva sia chi appartenga alla classe media, i cui guadagni sono rimasti di fatto immutati a partire dagli anni Ottanta [...]

La disuguaglianza abbraccia dimensioni diverse - come testimonia l'attuale dibattito sui suoi aspetti sociali, politici, economici, di genere, di razza, di salute, di accesso ai livelli di istruzione, ecc. - la cui rilevanza e' cambiata significativamente dal punto di vista sia storico sia geografico. In molti casi le catagorie di cui oggi facciamo uso sarebbero apparse prive di significato in epoche precedenti e ancora oggi molte forme di disuguaglianza sono lontane dall'essere riconosciute universalmente [...]

Le persone, poi, possono avere opinioni molto differenti , non solo sul grado di disuguaglianza da considerare accettabile o inaccettabile ma anche - e si tratta di un punto dirimente - su quali disuguaglianze siano o non siano importanti, giacche' ognuno mettera' valori diversi al centro del proprio universo morale.

Poiche' gli esseri umani sono animali sociali e la disuguaglianza indica, per definizione, una dimensione razionale, le discussioni sull'uguaglianza e sulla disuguaglianza riguardano a loro volta la struttura di una societa' [...]

Una delle tematiche della piu' ampia questione della diseguaglianza, tuttavia, fa da sostegno e al contempo si affianca alle altre forme di disuguaglianza. Ci riferiamo alla disuguaglianza economica.

In pochi negherebbero che essa pone sfide drammatiche alle societa' moderne, siano queste economicamente avanzate o meno sviluppate.

Joseph E. Stiglitz - La grande frattura. La disuguaglianza e i modi per sconfiggerla - Einaudi (2016)

Ci sono quattro importanti ragioni per cui la disuguaglianza sta soffocando la ripresa. La piu' immediata e' che il ceto medio e' troppo debole per sostenere i consumi che storicamente hanno guidato la nostra crescita economica [...]

In secondo luogo, a causa dell'erosione del ceto medio a partire dagli anni Settanta – un fenomeno interrotto soltanto brevemente nel corso degli anni Novanta –, le persone che ne fanno parte non riescono piu' a investire nel loro futuro, studiando e facendo studiare i loro figli e avviando imprese o migliorando quelle esistenti.
Terzo, la debolezza del ceto medio limita il gettito fiscale, specie perché coloro che sono piu' in alto sono abilissimi quando si tratta di eludere il pagamento delle imposte e ottenere sgravi fiscali dal governo [...]
Quarto, la disuguaglianza va di pari passo con piu' frequenti e piu' gravi cicli economici di crescita e recessione, il che rende la nostra economia piu' volatile e vulnerabile.

Pankaj Mishra - L'eta' della rabbia - Mondadori (2018)
Miliardi di persone, i piu' poveri, sono imprigionate in un incubo di darwinismo sociale. Ma anche nelle democrazie avanzate una forma manageriale di politica e di economia neoliberista ha stracciato il contratto sociale.
Nel regime della privatizzazione, della mercificazione, della deregolamentazione e della militarizzazione, e' un'impresa non suscitare del sarcasmo quando si parla delle qualita' che distinguono l'uomo dagli altri animali predatori: la fiducia, la cooperazione, la comunita', il dialogo e la solidarieta'.
Nello stato di emergenza mondiale in cui viviamo, l'omicidio extragiudiziale, la tortura e la detenzione segreta non si attirano piu' le condanne della maggioranza, non provocano ribrezzo e vergogna. Tanto la cultura popolare quanto le politiche degli Stati li hanno fatti sembrare normali.

Zigmunt Bauman - Retrotopia - Laterza (2017)
La prima cosa cui pensano molti di noi, quando si parla di «progresso», e' la prospettiva della ulteriore scomparsa di posti di lavoro – basati su abilita' intellettuali oppure (come tanti altri lavori gia' svaniti nel nulla) manuali – in cui dei computer, o dei robot gestiti da computer, rimpiazzeranno gli esseri umani; e questo ci fa venire in mente altri pendii, ancora piu' scomodi, su cui saremo costretti a batterci per sopravvivere.
Secondo quasi tutte le indagini, la generazione dei cosiddetti «millennials» – i giovani che oggi entrano nel mercato del lavoro e affrontano le sfide della vita autonoma e le incertezze legate alla ricerca di una posizione sociale dignitosa, soddisfacente, gratificante e riconosciuta – e'

la prima, dai tempi della seconda guerra mondiale, a esprimere la paura
di perdere, anziche' migliorare, lo status sociale raggiunto dai loro ge-
nitori; la maggior parte dei «millennials » si aspetta che il futuro porti
un peggioramento delle loro condizioni di vita, anziche' aprire la strada
ai progressi che hanno contrassegnato la storia personale dei loro geni-
tori e che questi ultimi avevano insegnato loro ad aspettarsi e a conqui-
starsi con il lavoro. Insomma, la visione di un «progresso» inarrestabile
si accompagna alla minaccia della perdita, piu' che prefigurare nuovi
traguardi e nuove posizioni nel mondo; e oggi e' associata molto piu' al
degrado sociale che all'avanzamento e al miglioramento.

Pankaj Mishra - L'eta' della rabbia - Mondadori (2018)
Guerra e persecuzioni endemiche hanno lasciato senza casa sessanta milioni di persone: un numero senza precedenti.
Una miseria senza fine spinge tanti disperati latinoamericani, asiatici e
africani a intraprendere il rischioso viaggio verso quello che considerano il centro della modernita' di successo. Tuttavia, sempre piu' individui e gruppi – gli afroamericani nelle citta' statunitensi, i palestinesi
nei Territori occupati, i musulmani in India e Myanmar, gli africani e i
mediorientali nei campi d'accoglienza europei, i profughi imprigionati
su lontane isole del Pacifico – oggi sono considerati superflui.

**Lorenzo Marsili, Yanis Varoufakis - Il terzo spazio. Oltre establi-
shment e populismo - Laterza (2017)**
Secondo l'OCSE, dagli anni Ottanta la diseguaglianza economica e' cresciuta del 33% in Italia (il dato piu' alto fra i paesi OCSE).
Al punto che nel 2016 i sette paperoni nazionali hanno una ricchezza
pari ai 20 milioni piu' poveri, il famigerato 1% detiene il 25% del reddito nazionale e il 20% delle persone piu' ricche possiede piu' di quanto
detenuto dal 67% della popolazione [...]
Il problema e', senz'altro, globale. Alcune delle misure necessarie –
come la chiusura dei paradisi fiscali, dato che il 50% delle aziende ita-
liane quotate in borsa ha una presenza in un paradiso offshore – possono
essere portate avanti principalmente a livello europeo. Ma molte altre
possono e devono essere messe in campo a livello nazionale.
Non e' un intervento divino che ha reso l'Italia il paese piu' iniquo fra
le democrazie dell'Europa occidentale, con la piu' grande forbice di ricchezza fra chi ha troppo e chi troppo poco.
Ma chiare scelte politiche: la detassazione delle grandi eredita' – lad-

dove, come ha dimostrato Piketty, i grandi patrimoni si trasferiscono non per merito ma per eredita'; la detassazione della prima casa anche per i piu' abbienti; un sistema fiscale iniquo che schiaccia lavoratori, autonomi e partite IVA ma che abbassa la tassazione sui profitti d'impresa e inventa condoni fiscali sempre piu' improbabili; e poi l'assenza di una vera tassazione patrimoniale, di natura fortemente progressiva e non punitiva, capace di mettere in circolazione la ricchezza accumulata nelle mani di pochissimi e tenuta ferma a moltiplicarsi attraverso investimenti finanziari improduttivi [...]
Oltre all'economia la grande ricchezza puo' bloccare la democrazia. Lungi dall'essere solo un problema economico e sociale, questo e' infatti un problema politico di primo piano. Chi accumula una posizione economica dominante acquisisce di fatto anche un potere decisionale che mina alla radice l'autonomia dei singoli cittadini, permettendo quelle forme di cattura della democrazia nazionale da parte delle grandi oligarchie di potere che sequestrano la sovranita' popolare e snaturano il senso stesso della rappresentanza politica.

Jan Zielonka - Contro-rivoluzione. La disfatta dell'Europa liberale - Laterza (2018)

A differenza dell'Italia o della Grecia, la Spagna e l'Irlanda avevano livelli modesti di debito prima della crisi e quindi non possono essere accusate di aver vissuto al di sopra dei loro mezzi; il loro problema e' nato da una bolla immobiliare, che segnala deficienze del mercato o l'avidita' dei promotori delle proprieta' immobiliari.
La disuguaglianza e' causata da molti fattori diversi; e' semplicistico pensare che sia solo il frutto del fatto che alcune persone sono impregnate di un'etica protestante del lavoro mentre altre indulgono al divertimento.
Puo' darsi che l'euro sia stato costruito male, ma ha funzionato bene prima della tempesta finanziaria, che nacque a New York, non a Francoforte o a Bruxelles. Puo' darsi che le banche greche siano state guidate male, ma non sono responsabili del fatto che il debito sovrano della Grecia sia diventato insostenibile e obiettivo allettante per gli speculatori.
La generosa spesa sociale non ha impedito alla Svezia o alla Finlandia di essere campioni della produttivita' del lavoro.
La bassa spesa sociale della Romania chiaramente non ha accresciuto la produttività del paese.
Gli economisti cercano di spiegare diverse tessere del puzzle, ma se mi

chiedi qual e' il fattore primario che sta dietro la serie di crisi nelle quali si dibatte attualmente l'Europa, ce n'e' uno che emerge sopra tutti.
Il suo nome è neoliberismo.

Thomas Fazi, Guido Iodice - La battaglia contro l'Europa. Come un'elite ha preso in ostaggio un continente. E come possiamo riprendercelo - Fazi (2016)

Il movimento Occupy Wall Street, insomma, ha visto giusto: gli stessi processi che hanno portato la ricchezza a concentrarsi nelle mani dell'1 per cento piu' ricco della societa' sono alla base della crisi. Un fenomeno non nuovo e che ha un precedente evidente anche nella crisi del 1929. Cosa vuol dire cio'? Che se e' vero che la crisi e' stata originata dallo scoppio della bolla subprime negli Stati Uniti, le cause strutturali sono pero' da individuare negli enormi squilibri economici causati da trent'anni di politiche neoliberiste, non certo negli eccessi del settore pubblico.

I dati mostrati fin qui dimostrano chiaramente che il problema in Europa non e' certo il fatto che "mancano i soldi" – il PIL complessivo dell'UE e' superiore a quello degli Stati Uniti, e l'Europa e' da anni la regione con la maggiore quantita' di ricchezza privata al mondo, insieme agli USA – quanto il fatto che il grosso di quella ricchezza e' concentrato nelle mani di una frazione della popolazione.

L'Europa e' infatti la regione con il maggiore rapporto ricchezza privata netta - PIL - al mondo in cima alla classifica dei paesi europei figura l'Italia, ed e' la seconda regione al mondo, dopo gli USA, per numero di milionari, la maggior parte dei quali e' concentrata in Francia, Regno Unito, Germania, Italia e Svizzera.

Joseph E. Stiglitz - Popolo, potere e profitti. Un capitalismo progressista in un'epoca di malcontento - Einaudi (2020)

L'economia: si pensava che mercati lasciati a se stessi – con tasse ridotte e deregolamentazione – fossero la soluzione a ogni problema economico; si pensava che la finanza e la globalizzazione e il progresso tecnologico avrebbero, da soli, portato prosperita' a tutti.
Si pensava che i mercati fossero sempre concorrenziali di per se', senza comprendere i pericoli del potere di mercato. Si pensava che il cieco perseguimento dei profitti avrebbe portato al benessere collettivo.
La politica: troppi ritenevano che democrazia significasse semplicemente poter votare alle elezioni.

Non si sono compresi i pericoli del denaro in politica, i pericoli del suo potere; non si è compreso il modo in cui la concentrazione di denaro possa corrompere la democrazia e come le elite possano usare il denaro per influenzare l'economia e la politica al fine di generare una concentrazione di potere economico e politico ancora piu' grande. Ne' si e' compreso quanto sia facile scivolare in un sistema del tipo «un dollaro un voto», o quanto sia facile che prenda piede la delusione nei confronti della democrazia, con cosi' tante persone convinte che il sistema sia truccato [...]

Cosi', un'economia e una politica distorte sono state sostenute ed esasperate da valori distorti. La societa' americana e' diventata piu' egoista, nel senso presupposto dai modelli economici ma non nel senso del miglioramento di se' a cui tutti aspiriamo.

Si e' permesso a modelli fondati su un'erronea concezione della natura umana di trasformare gli americani, che sono diventati piu' materialisti, meno aperti agli altri, meno altruisti, in questi stessi modelli. Sono diventati amorali (ritenendo che la morale fosse riservata ai leader religiosi e alla domenica) e poi immorali, quando l'indegnita' e' diventata il segno distintivo della finanza.

Paul Mason - Postcapitalismo. Una guida al nostro futuro - il Saggiatore (2016)

Il neoliberismo e' stato progettato e messo in pratica da politici visionari: Pinochet in Cile, Margaret Thatcher e la sua cerchia ultraconservatrice in Gran Bretagna, Reagan e i «cold warriors» che lo portarono al potere negli Stati Uniti. Avevano affrontato la massiccia opposizione delle organizzazioni sindacali e non intendevano piu' tollerarla. Questi pionieri del neoliberismo giunsero a una conclusione che ha condizionato fortemente la nostra epoca: un'economia moderna non puo' coesistere con una classe operaia organizzata.

Decisero quindi di distruggere completamente la forza contrattuale, le tradizioni e la coesione sociale dei lavoratori [...]

La generazione odierna vede solo gli esiti del neoliberismo, e dunque spesso non si accorge che questo obiettivo – la distruzione del potere contrattuale dei lavoratori – era l'essenza dell'intero progetto, il mezzo per perseguire tutti gli altri fini.

Il principio guida del neoliberismo non era il libero mercato, e nemmeno la disciplina di bilancio, la moneta solida, le privatizzazioni e le delocalizzazioni; non era neanche la globalizzazione.

Tutte queste cose si sono rivelate sottoprodotti o strumenti della sua sfida principale: espungere il lavoro organizzato dall'equazione.

Joseph E. Stiglitz - Popolo, potere e profitti. Un capitalismo progressista in un'epoca di malcontento - Einaudi (2020)

Una delle maniere principali con cui si puo' «arraffare ricchezza» rimane comunque la corruzione.

Nei paesi meno sviluppati, la corruzione puo' assumere la forma di una busta di carta gonfia di banconote.

Ma la corruzione «all'americana» e' diventata molto piu' sofisticata, e passa attraverso l'approvazione di leggi che garantiscono per esempio commissioni esagerate alle compagnie che vendono beni o servizi ai governi (per i settori della difesa militare e della sanita') o rimborsi inferiori al dovuto per l'uso di risorse naturali che di diritto appartengono alla comunita' (da parte delle industrie petrolifere e minerarie, o anche del legname che cresce sul suolo pubblico) [...]

La globalizzazione danneggia i cittadini americani anche in altri modi, sottraendo cioe' entrate fiscali al paese [...]

La globalizzazione ha dato modo alle grandi compagnie di mettere i paesi l'uno contro l'altro, persuadendo i governi che, se non avessero ridotto le aliquote societarie, loro si sarebbero spostate all'estero [...]

Dopo aver ottenuto la possibilita' di pagare meno tasse in un paese, si rivolgono agli altri, dichiarando che, se non abbasseranno le loro, sposteranno le attivita'. Non sorprende che le grandi compagnie siano entusiaste di questa gara al ribasso.

L'idea che l'America dovesse ridurre le aliquote societarie per competere con gli altri paesi nasce dai repubblicani, che nel 2017 le tagliarono dal 35 al 21 per cento, come era gia' stato fatto quando, nel 2001 e nel 2003, furono abbassate le tasse sui redditi da capitale e sui dividendi.

Lorenzo Marsili, Yanis Varoufakis - Il terzo spazio. Oltre establishment e populismo - Laterza (2017)

0,005%. E' questa la tassazione a cui sono stati soggetti buona parte dei profitti europei di Apple grazie a un accordo con il fisco irlandese. E non si tratta di un'eccezione.

In Europa si e' generata una competizione al ribasso tra paesi che spinge i governi ad abbassare la tassazione per le grandi imprese in modo da 'scipparle' al vicino.

Alcuni, come il Lussemburgo, l'Olanda, l'Irlanda, il Regno Unito e

Cipro, corteggiano esplicitamente l'elusione fiscale pur di attirare le multinazionali – e, non a caso, vengono considerati paradisi fiscali da molte ONG internazionali.

Di fatto, il sistema europeo legittima un doppio regime fiscale riservando alle multinazionali un trattamento di favore.

Danneggiando fortemente, allo stesso tempo, le capacita' fiscali di tutti gli Stati europei. Anche l'Italia non e' immune da questo fenomeno, tutt'altro [...]

Ma come funziona tutto questo e chi lo consente?

Le procedure sono varie, ma le piu' comuni hanno dei nomi evocativi: Double Irish e Dutch Sanwich. Nomi che rimandano ai responsabili di tutto questo: i governi nazionali.

Il Double Irish e' usato da molte aziende oltre che dalla Apple, e fra queste Google, Pfizer, Adobe, Johnson & Johnson e Yahoo!. Si tratta – va ricordato, anche perche' e' precisamente questo il problema – di una procedura assolutamente legale.

Innanzitutto, bisogna registrare due compagnie separate in Irlanda. La prima servira' a raccogliere tutti i profitti dalle vendite europee; la seconda sara' invece titolare dei brevetti relativi ai prodotti venduti. La prima fara' transitare la maggior parte dei profitti alla seconda, sotto forma di royalties, cioe' di diritti per l'utilizzo del brevetto. La seconda compagnia, infatti, potra' evitare qualsivoglia imposizione fiscale grazie a una legge speciale che stabilisce gli introiti da royalties per le aziende multinazionali con sede in Irlanda.

Cosa accade con tutto questo denaro? Riportarlo negli Stati Uniti significherebbe pagare la corporate tax americana – che, anche se molto bassa, e' pur sempre piu' di zero. Meglio trasferirli, invece, la' dove e' pari a zero: le Bermuda [...]

Il Parlamento e la Commissione europea sono, va detto, ben consapevoli delle ingiustizie che questo sistema produce. Da molti anni stanno spingendo per una maggiore armonizzazione fiscale e per normative piu' rigide contro l'evasione fiscale a livello comunitario: non sarebbe infatti cosi' difficile attaccare alla radice il problema. Ma fino ad oggi non e' stato concordato nulla se non riforme di facciata. [...]

E' lampante la responsabilita' e la connivenza di una classe politica che silenziosa, gettando il sasso e nascondendo la mano, catturata da interessi oligarchici e attraversala da una tragica mediocrita' persegue po litiche controproducenti e contrarie agli interessi di una maggioranza. Risultato? Calo drastico del gettito fiscale, e distorsione del mercato.

La spinta ad una crescita continua per un continua
accumulazione di capitale e' fondamentale nel
sistema economico neoliberista.
Quale responsabilita' ha questa sollecitazione sul
deterioramento dell'ambiente in cui viviamo?

Jason Hickel - Siamo ancora in tempo! Come una nuova economia puo' salvare il pianeta - il Saggiatore (2021)

Per cinquecento anni il capitalismo ha fondato le sue fortune sull'estrazione di risorse dalla natura.

Ha sempre avuto bisogno di un «fuori», esterno a esso, da cui predare valore senza pagare, senza offrire in cambio nulla di equivalente. E' questo che alimenta la crescita. Imporre un limite all'estrazione e allo spreco di materiali sostanzialmente equivale ad ammazzare la gallina dalle uova d'oro [...]

Ogni volta che sembra esserci un conflitto fra ecologia e crescita, eco nomisti e politici optano per quest'ultima e sperimentano modi sempre più creativi per indurre la realta' a conformarsi alla crescita [...]

Nessuna di queste persone si preoccupa mai di giustificare la propria premessa di fondo, cioe' l'assunto che continuare a espandere l'econo mia anno dopo anno, per sempre, sia necessario.[...] Ma se questo assunto fosse sbagliato? Se i paesi ad alto reddito non avessero bisogno della crescita? Se fosse possibile migliorare il benessere umano senza dovere per forza espandere l'economia? Se fosse possibile generare tutte le innovazioni di cui abbiamo bisogno per una rapida transizione alle energie rinnovabili senza un solo dollaro di Pil in piu'? Se invece di cercare disperatamente di disaccoppiare il Pil dall'uso di risorse ed energia fosse possibile disaccoppiare il progresso umano dal Pil? Se riuscissimo a trovare una strada per liberare la nostra civiltà, e il nostro pianeta, dai vincoli dell'imperativo della crescita? Se siamo pronti a immaginare favole fantascientifiche frutto di mere ipotesi per continuare a spingere avanti la macchina dell'economia esistente, allora perche' non provare a immaginare semplicemente un tipo di economia completamente diverso?

Marco D'Eramo - Dominio. La guerra invisibile dei potenti contro i sudditi - Feltrinelli (2020)

E' inutile, ridondante rifare qui l'elenco dettagliato dei disastri ambientali che questo modo di produzione e questo sistema economico stanno arrecando al nostro pianeta.

Non sono solo il riscaldamento globale, l'innalzamento del livello degli oceani, il buco dell'ozono, la desertificazione di aree sempre crescenti delle terre emerse, la cementificazione, la deforestazione, l'inquinamento atmosferico e l'avvelenamento dei mari, l'invasione delle plastiche e delle microplastiche, c'e' infine l'accelerata scomparsa di specie viventi, tanto da far parlare della "sesta estinzione di massa".

La domanda che ognuno si pone e': ma di questo innegabile, esponenziale deterioramento ambientale e' responsabile la rivoluzione industriale? O il sistema capitalistico di mercato? O ambedue? [...]

Mentre un maniscalco antico poteva vivere tutta la vita tranquillo fondendo e martellando lo stesso numero di ferri di cavallo senza sentire nessun bisogno di ingrandire la propria forgia, nel sistema capitalistico chi resta fermo muore: se la produzione di una fabbrica di pneumatici non aumenta, se il mercato non si allarga, se le vendite non crescono, s'inceppa tutto il sistema di credito/investimento/ammortamento/servizio del debito/profitto/reinvestimento.

Il capitalismo non solo non concepisce uno stato stazionario (benche' tutta la teoria economica neoclassica sia basata sulla nozione di equilibrio di mercato), ma e' terrorizzato anche da un rallentamento della crescita in uno stato non stazionario.

Il problema originario del capitalismo sta nel fatto che e' concepito come un sistema a espansione illimitata, ma la Terra e' rotonda e finita.

Parag Khanna - Il movimento del mondo. Le forze che ci stanno sradicando e plasmeranno il destino dell'umanita' - Fazi (2021)

L'umanità condivide un clima: questo clima e' stato catastroficamente devastato dall'industria del Nord del pianeta, e il Sud ne ha subito le conseguenze peggiori.

Abbiamo desertificato la terra arabile al Sud mentre al Nord abbiamo terreni fertili che attendono di essere lavorati; abbiamo abitazioni moderne del tutto abbandonate nelle citta' del Nord e milioni di profughi senza una casa al Sud; abbiamo enorme carenza di manodopera al Nord e un surplus di forza lavoro al Sud [...]

Malgrado tutti gli argomenti a favore delle migrazioni di massa, non abbiamo una politica globale delle migrazioni.

Al contrario, ci troviamo ad affrontare una gamma crescente di sfide morali, dagli africani che attraversano il Mediterraneo ai latinos che attraversano il Rio Grande, ad altri fenomeni critici. La migrazione e' diventata un test di Rorschach politico in quasi tutte le democrazie dell'Occidente, eppure si continuano a ostacolare gli ingressi mentre tanti migranti trovano la morte nel loro cammino verso una nuova speranza di vita.

Jason Hickel - Siamo ancora in tempo! Come una nuova economia puo' salvare il pianeta - il Saggiatore (2021)

Negli ultimi due decenni la capacita' di produzione di energia rinnovabile ha registrato una crescita straordinaria, che merita di essere festeggiata. In alcune nazioni le fonti rinnovabili hanno iniziato a rimpiazzare i combustibili fossili.
A livello globale, tuttavia, l'aumento del fabbisogno energetico sta superando di gran lunga la crescita della capacita' rinnovabile. Tutta quella nuova energia pulita non va a sostituire i combustibili inquinanti, si aggiunge al loro consumo.
Queste dinamiche dovrebbero farci riflettere. Si', abbiamo bisogno di tutta l'energia rinnovabile che riusciamo a ottenere, ma non fara' una vera differenza se l'economia globale continua a espandersi ai ritmi attuali. Quanto piu' cresciamo, tanta piu' energia servira' e tanto piu' difficile sara' coprire questo fabbisogno con fonti di energia piu' pulite.

David Harvey - Cronache anticapitaliste. Guida alla lotta di classe per il XXI secolo - Feltrinelli (2021)

Se la massa del capitale cresce esponenzialmente, sorge la domanda di dove si trovi il mercato per quella massa crescente. E come verra' assorbita quella massa attraverso il consumo?
Se aumenta la quantita' totale di merci, ovviamente devono essere popolazioni sempre piu' ampie che consumino quelle merci, ma devono avere il denaro per poterle acquistare. Tutto questo significa che la societa' deve essere strutturata in qualche modo non solo per gestire la tendenza alla caduta del saggio del profitto, ma anche per gestire la difficolta' di realizzare il valore di una massa crescente e quella massa crescente sta diventando sempre piu' problematica [...]
Se quella massa continua a crescere [...] andremo incontro a problemi seri per i consumatori ma anche per l'ambiente. Questa e' una delle difficolta' fondamentali che abbiamo di fronte, per il riscaldamento globale e altri problemi ambientali. La massa crescente delle merci e' associata a una massa crescente di rifiuti.

All'improvviso si e' sviluppata una forte preoccupazione, si vogliono mettere al bando le borse di plastica cosi' come tutti altri prodotti di plastica, perche' hanno generato una massa di rifiuti che ora circola negli oceani, con casi orrendi come balene morte con lo stomaco pieno di sacchetti di plastica.

La massa crescente di produzione, consumo e smaltimento degli oggetti di plastica e' una cosa che dobbiamo tenere in considerazione.

Anche la domanda globale di risorse di base ha avuto un picco. La produzione di rame, litio e minerali di ferro e' schizzata verso l'alto, in gran parte in risposta alla stupefacente urbanizzazione della Cina.

Anche con la caduta del saggio del profitto, la massa delle merci in circolazione continua ad aumentare a un tasso composto. La massa crescente dei minerali estratti conseguente a un'urbanizzazione fonte di sprechi (come Hudson Yards) va vista come qualcosa di necessario per la riproduzione del capitale e il mantenimento dell'accumulazione di capitale. Ma in quale misura questo "estrattivismo" e' necessario per la riproduzione di un modo di vita delle persone? E che modo di vivere sara'? Spesso in passato ho detto che, mentre si discute molto di che tipo di citta' vogliamo costruire, la domanda reale e': che tipo di persone vogliamo essere? E' la risposta a questa seconda domanda che deve definire che tipo di citta' dovremmo costruire.

Andrea Boitani - L'illusione liberista. Critica dell'ideologia di mercato - Laterza (2021)

[Scomponiamo] la crescita mondiale per Paesi, al fine di vedere quali contribuiscano di piu' all'aumento delle emissioni. Se guardiamo ai valori pro capite e «se addebitiamo le emissioni al luogo in cui avviene il consumo, allora i nordamericani consumano 22,5 tonnellate di CO2 [e altri gas serra] l'anno pro capite, gli europei occidentali 13,1, i cinesi 6 e gli abitanti del subcontinente indiano solo 2» [...] C'e' poi una forte disuguaglianza anche nelle emissioni per fasce di reddito: «Il 10% della popolazione mondiale (i maggiori inquinatori) contribuisce grosso modo al 50% delle emissioni di anidride carbonica, mentre il 50% che inquina meno contribuisce a poco piu' del 10%»

Ma quali sono i settori economici che piu' contribuiscono alle emissioni climalteranti?

Non sorprende che i settori energivori dell'industria, dei trasporti e della climatizzazione residenziale e commerciale contribuiscano per oltre il 73% alle emissioni totali a livello mondiale. Il contributo dei trasporti e' complessivamente il 16,2 (che sale al 22% se si guarda alla sola CO2). Nella stessa misura pesano il riscaldamento (17,5), l'agricoltura e l'allevamento (18,4). Molto meno i processi industriali legati alla petrolchimica e al cemento (5,2) e i rifiuti (3,2). Interessante che la filiera del cibo, compresa la trasformazione, il confezionamento e il trasporto contribuisca per il 25% circa.

Queste informazioni sono importanti perche' ci dicono dove dovremmo/potremmo mettere le mani prioritariamente per ridurre le emissioni.

Jason Hickel - Siamo ancora in tempo! Come una nuova economia puo' salvare il pianeta - il Saggiatore (2021)

Immaginiamo di riuscire a realizzare una rapida transizione alle energie pulite continuando a far crescere l'economia mondiale, e che sia possibile continuare a far crescere la domanda di energia all'infinito senza preoccuparci dell'estrazione di materiali che questa crescita comporta, o della pressione che esercita su aree del mondo già sfruttate [...] Uno scenario del genere soddisfa i requisiti della crescita verde, giusto?

Il problema di questa visione e' che non coglie un punto fondamentale, ineludibile: le emissioni sono solo una parte della crisi [...]

Il problema non e' solo il tipo di energia che usiamo, e' anche quello che ci facciamo con quest'energia. Anche se avessimo un sistema di energia pulita al 100%, che cosa ci faremmo?

La stessa identica cosa che facciamo con i combustibili fossili: radere al suolo ancora piu' foreste, pescare ancora piu' pesci, scavare ancora piu' montagne, costruire ancora piu' strade, espandere le coltivazioni industriali e riversare ancora piu' rifiuti nelle discariche: tutte cose che hanno conseguenze ecologiche che il nostro pianeta non e' piu' in grado di sostenere.

Faremo queste cose perche' il nostro sistema economico esige una crescita esponenziale della produzione e dei consumi. [...]

Passare all'energia pulita non fara' nulla per rallentare queste altre forme di dissesto ambientale. Scampare alla padella del disastro climatico non ci sara' di molto aiuto se finiremo per saltare nella brace del collasso ecologico [...]

Il problema che abbiamo di fronte non e' legato alla tecnologia. E' legato alla crescita.

Ogni volta, immancabilmente, vediamo che l'imperativo della crescita spazza via tutti i guadagni offerti dalle nostre tecnologie migliori. Tendiamo a immaginare il capitalismo come un sistema che incentiva l'innovazione. Ed e' vero.

Ma, paradossalmente, i potenziali benefici ambientali dell'innovazione sono limitati dalla logica stessa del capitale. Non dev'essere necessariamente cosi'.

Se vivessimo in un altro tipo di economia, un'economia non organizzata intorno alla crescita, le nostre innovazioni tecnologiche avrebbero l'opportunita' di funzionare come ci aspettiamo che funzionino. In un'economia post-crescita, i miglioramenti di efficienza ridurrebbero effettivamente il nostro impatto sul pianeta. E una volta liberati dall'imperativo della crescita, saremmo liberi di focalizzarci su tipi di innovazioni differenti, innovazioni pensate per migliorare il benessere umano ed ecologico invece che per accelerare il ritmo dell'estrazione e della produzione.

Parag Khanna - Connectography. Le mappe del futuro ordine mondiale - Fazi (2016)

L'abitudine di attribuire il consumo d'acqua e le emissioni di gas serra a singoli paesi anziche' ai diversi comparti industriali e' un esempio lampante di come il supply chain world distorca la geografia [...]. Se anche le supply chain non possono essere identificate con singole entita' ne' con luoghi specifici, esse possiedono comunque un'impronta ecologica.

Le maggiori flotte aeree del mondo figurerebbero tra i cinque maggiori produttori globali di gas serra se fossero prese come un singolo paese.

Solo 90 aziende – delle quali soltanto un terzo di proprietà pubblica – sono responsabili dei due terzi delle emissioni annuali di gas serra dovute ad attivita' industriali: fra esse si contano Chevron, Exxon, Shell e BP nel comparto dell'energia, o Walmart e Ikea in quello della distribuzione.

Non meno del 40 per cento delle emissioni "cinesi" e' attribuibile a imprese occidentali che hanno delocalizzato le loro fabbriche in Cina.

I negoziati sul clima si basano sulla valutazione delle emissioni inquinanti per ciascuno Stato anziche' sulla distribuzione di tecnologie ad alta efficienza energetica attraverso le supply chain.

Ed e' questa la ragione per cui essi falliscono regolarmente. Le organizzazioni internazionali e i governi democratici stanno fortunatamente puntando l'attenzione sul modo in cui usare il proprio ruolo e il proprio ascendente nelle supply chain per promuovere la sostenibilita'.

Jason Hickel - Siamo ancora in tempo! Come una nuova economia puo' salvare il pianeta - il Saggiatore (2021)

In un sistema orientato alla crescita, l'obiettivo spesso e volentieri e' di non soddisfare i bisogni umani, e addirittura di perpetuarli. Una volta che ci rendiamo conto di questo, diventa evidente che ci sono pezzi enormi dell'economia fondati attivamente e intenzionalmente sullo spreco, e che non assolvono a nessuno scopo umano riconoscibile.

Primo passo: mettere fine all'obsolescenza programmata [...]

Le aziende, nel disperato tentativo di incrementare le vendite, cercano di creare prodotti fatti appositamente per rompersi ed essere sostituiti dopo un periodo di tempo relativamente breve [...]

Secondo passo: tagliare la pubblicita' [...]

Possiamo dire che stanno applicando la fratturazione idraulica alle nostre menti. Siamo esposti a migliaia di annunci pubblicitari ogni giorno, e ogni anno che passa diventano piu' insidiosi. E' un assalto contro la nostra coscienza, la colonizzazione non solo dei nostri spazi pubblici, ma anche delle nostre menti. E funziona. Le ricerche rivelano che la spesa pubblicitaria ha un impatto diretto e altamente significativo sul consumo materiale [...]

Terzo passo: passare dal concetto di proprietà al concetto di uso [...]

Passare dal concetto di proprieta' al concetto di uso puo' avere un impatto notevole sul volume di produzione materiale. Condividere un'unica attrezzatura fra dieci famiglie significa ridurre di dieci volte la domanda di quel prodotto, e al contempo far risparmiare alle persone tempo e denaro [...]

Quarto passo: mettere fine allo spreco alimentare [...]

Mettere fine allo spreco alimentare in teoria potrebbe dimezzare le dimensioni dell'industria agricola continuando a garantirci accesso a tutto il cibo di cui abbiamo bisogno. Questo ci consentirebbe di ridurre le emissioni a livello mondiale fino al 13%, e al tempo stesso di rigenerare fino a 2,4 miliardi di ettari di terreni usandoli come habitat per la fauna selvatica e per lo stoccaggio delle emissioni. [...]

Quinto passo: ridimensionare le industrie distruttive per l'ambiente [...]

Prendiamo l'industria della carne bovina, per esempio. Quasi il 60% delle terre agricole del mondo e' usato per l'allevamento di manzi, o direttamente, per far pascolare il bestiame, o indirettamente, per coltivare foraggio. La carne di manzo e' uno degli alimenti piu' inefficienti del pianeta quanto a impiego delle risorse, in termini di suolo ed energia utilizzati per caloria o sostanza nutriente [...] eppure la carne di questo animale e' tutt'altro che essenziale per l'alimentazione umana: rappresenta appena il 2% delle calorie che consumiamo. Nella maggior parte dei casi, l'industria potrebbe essere ridimensionata senza alcun danno per il benessere umano. I vantaggi di questo ridimensionamento sarebbero sbalorditivi. Passare dalla carne di manzo alla carne di animali non ruminanti o a proteine vegetali come fagioli e legumi in genere potrebbe liberare più di 28 milioni di chilometri quadrati di terreni: le dimensioni degli Stati Uniti, del Canada e della Cina sommati insieme [...] Gli scienziati dicono che ridimensionare l'industria della carne bovina e' una delle misure piu' incisive che possiamo attuare ed e' fondamentale per evitare cambiamenti climatici pericolosi.

*Funzionale all'alta produttivita' delle società' industrializzate,
il consumismo, da creatura della crescita illimitata
depauperatrice di risorse, diventa compensatorio
per le alienazioni dell'ambiente di lavoro.
Sara' possibile passare dal consumismo al consumerismo?*

Zygmunt Bauman - Dentro la globalizzazione. Le conseguenze sulle persone - Laterza (2007)

La nostra e' una societa' dei consumi.

Ma quando parliamo di societa' dei consumi, abbiamo in mente qualcosa di piu' che non la banale osservazione che tutti i membri della nostra societa' consumano [...]

Cio' che abbiamo in mente e' che la nostra «societa' dei consumi» lo e' nello stesso senso profondo e fondamentale in cui la societa' dei nostri predecessori, la societa' moderna nella sua fase di fondazione, industriale, era una «societa' della produzione, dei produttori».

Quel tipo piu' vecchio di societa' moderna occupava i suoi membri principalmente come produttori e soldati; e allo svolgimento di quel ruolo forgiava i suoi membri, come un dovere che sottoponeva e imponeva loro quale «norma».

Per osservarla i cittadini dovevano esplicare tutta la loro capacita' e volonta' di fare i produttori e i soldati.

Ma nel suo attuale stadio tardomoderno (Giddens), secondo-moderno (Beck), surmoderno (Balandier) o postmoderno, la societa' moderna ha scarso bisogno di una massa di manodopera industriale e di eserciti di leva; ha invece bisogno di impegnare i suoi membri nel ruolo di consumatori.

La societa' attuale forma i propri membri al fine primario che essi svolgano il ruolo di consumatori.

Ai propri membri la nostra societa' impone una norma: saper e voler consumare. [...]

Il consumatore di una societa' di consumatori e' una creatura totalmente diversa dal consumatore di qualsiasi altra societa' precedente. Se tra i nostri antenati filosofi, poeti e predicatori si ponevano la questione se si lavorasse per vivere o si vivesse per lavorare, il dilemma che piu' spesso si sente rimuginare oggi e' se si abbia bisogno di consumare per vivere o se si viva per consumare. Qualora si sia ancora capaci di separare il vivere e il consumare, e se ne senta la necessita' [...]

La cultura della societa' dei consumi riguarda piuttosto il dimenticare
che non l'imparare. In effetti, quando l'attesa viene eliminata dal desiderio e il desiderio non vuole attese, la capacita' di consumo dei consumatori puo' venire ampliata ben al di la' dei limiti determinati dalle necessita' naturali o acquisite; non c'e' neanche piu' bisogno che gli oggetti del desiderio siano fisicamente durevoli. Il tradizionale rapporto
tra i bisogni e il loro soddisfacimento viene invertito: la promessa e la
speranza della soddisfazione precedono il bisogno che si promette di
soddisfare, e saranno sempre piu' intense e tentatrici di quanto lo siano
i bisogni effettivi.

La promessa, in effetti, e' tanto piu' attraente quanto meno usuale e' il
bisogno che si dovrebbe soddisfare; e' molto divertente vivere un'esperienza che non si sapeva nemmeno che esistesse, e un buon consumatore
e' un avventuriero che ama gli imprevisti.

Per i buoni consumatori, la promessa diventa tentatrice non tanto
quando riguarda la soddisfazione di bisogni dai quali si e' tormentati,
bensi' quando sollecita il tormento di desideri mai immaginati o sospet-
tati prima.

Alain Deneault - La mediocrazia - Neri Pozza (2017)
Al marchio e all'azienda viene riservato un vero e proprio culto.
Del resto la religione – come suggerisce l'etimologia stessa della parola
– lega, coalizza.
Diventata imprenditrice, la religione unisce le pecorelle – non soltanto
gli impiegati, ma anche i fornitori e i clienti della ditta – in una reale
comunione, sotto forma di puntuali adunate, saloni pubblici o cerimo-
nie. Il motociclista che venera un determinato marchio fino al feticismo
e socializza con i suoi simili in occasione di grandi raduni, ne e' un
esempio perfetto.
Insomma, la religione s'impone come una formidabile modalita' di manipolazione [...]
Questa teologia d'impresa si riassume con un grafico ascensionale che
testimonia il passaggio della merce dal semplice status di «prodotto» a
quello, salvifico, della «religione del marchio» (brand religion). Secondo questo approccio, un «prodotto» smette di essere designato come
tale – un dolciume, un maglione, una consolle per videogiochi, un ta-
volo... – e viene piuttosto assimilato al suo «concetto di marchio». Una
volta etichettato, il prodotto genera una sensazione o, in gergo tecnico,
un «valore emozionale aggiunto». Non e' piu' un fazzoletto, non e' piu'

un orologio, non e' piu' un semplice te', perche' il fazzoletto, l'orologio
e il te' – una volta associati ai marchi Kleenex, Rolex e Lipton – irra-
diano calore, sicurezza familiare, garanzia di fiducia, persino sentimento materno.

**Paolo Gila - Capitalesimo. Il ritorno del feudalesimo nell'economia
mondiale - Bollati Boringhieri (2013)**
Centri commerciali grandi come paesi, multisala
cinematografici per emozionanti visioni tridimensionali, sale bingo do-
tate di ogni comfort dove giocare e scommettere.
Le cittadelle dello svago e del divertimento, la nuova agora' del passa-
tempo consumistico, sono la nuova frontiera degli investimenti: un cro-
cevia dove si intrecciano i capitalisti del mattone e quelli dei servizi
avanzati. […]
I villaggi turistici sono diventati le chiese laiche del divertimento, aperte
ai credenti di ogni razza, fede ed eta'.
Il modello e' stato copiato e duplicato, tanto che oggi, oltre alle societa'
che gestiscono le reti dei villaggi, esiste anche la florida realta' delle
crociere, una forma mobile del centro turistico, una variante del villaggio, che da stanziale diventa itinerante, un paese della cuccagna in na-
vigazione. Le fortezze recintate per le vacanze spensierate si isolano dal
mondo reale, dando maggiore forza all'idea di «utopia concreta e rea-
listica» che realizzano.

**David Harvey - Cronache anticapitaliste. Guida alla lotta di classe
per il XXI secolo - Feltrinelli (2021)**
Penso che dobbiamo affrontare il problema del consumismo in
una prospettiva totalmente diversa. La sindrome della crescita illimitata
e composta del consumismo contemporaneo, parallela all'accumulazione illimitata del capitale, richiede una valutazione e una risposta critiche.
Dobbiamo, per esempio, pensare in modo piu' creativo a diminuire e
controllare la massa delle risorse che stiamo estraendo dalle viscere
della Terra per alimentare il consumismo compensatorio contemporaneo, che e' cosi' determinante per l'accumulazione illimitata del capitale.
Questo e' uno dei grandi compiti sociali e politici che abbiamo davanti.
Come molti sottolineano oggi nel caso del clima, e' facile rendersi conto
che le cose, quando raggiungono una certa massa, diventano difficili,

se non impossibili da controllare. Il vero punto importante pero' poi e' che pensare in termini di controllo del tasso di emissioni di carbonio diventa sempre meno rilevante, perche' la massa e' gia' abbastanza grande da produrre danni straordinari

Zigmunt Bauman - Retrotopia - Laterza (2017)

Siamo stati istruiti e addestrati a considerare i negozi come farmacie traboccanti di medicamenti per curare o almeno alleviare ogni malattia e afflizione della nostra vita individuale e collettiva. I negozi e lo shopping acquisiscono pertanto una vera e piena dimensione escatologica.

I supermercati [...] sono diventati le nostre cattedrali; e di conseguenza, mi sia consentito di aggiungere, la lista della spesa e' diventata il nostro breviario, le processioni nei centri commerciali i nostri pellegrinaggi.

Nulla ci emoziona e ci riempie di entusiasmo come acquistare per impulso e scartare oggetti che non ci piacciono piu' per sostituirli con altri, piu' invitanti. La pienezza della gioia del consumo equivale alla pienezza della vita.

Compro, ergo sono. Comprare o non comprare, questo e' il problema. Per i consumatori senza accesso al mercato, i veri poveri di oggi, il non poter acquistare e' lo stigma odioso e doloroso di una vita incompiuta, la conferma della propria nullita' e incapacita'.

Non semplicemente l'assenza di ogni piacere, bensi' l'assenza della dignita' umana, l'impossibilita' di dare un senso alla propria vita e, da ultimo, la privazione stessa di umanita', autostima e rispetto per gli altri.

Paolo Gila - Capitalesimo.Il ritorno del feudalesimo nell'economia mondiale - Bollati Boringhieri (2013)

In quest'ultimo ventennio abbiamo assistito alla diffusione di villaggi vacanze su tutto il globo.

La rete dei paesi dei balocchi si e' estesa a tal punto da diventare un asset economico importante per imprese e amministrazioni del territorio, stimolando anche business affini.

Cosi' ad esempio, il 14 marzo del 2012 il grande villaggio EuroDisney di Parigi ha festeggiato i suoi primi 20 anni di vita. Un successo commerciale senza precedenti, con 250 milioni di visitatori.

«Con questi numeri, tanto per avere un'idea, EuroDisney non e' solo la meta turistica piu' visitata di Francia (battuto il Museo del Louvre e doppiata la Tour Eiffel) ma anche d'Europa»

George A. Akerlof, Robert J. Shiller - Ci prendono per fessi. L'economia della manipolazione e dell'inganno - Mondadori (2016)

Possiamo pensare la nostra vita economica come se ciascuno di noi, quando si reca a fare acquisti o e' chiamato a prendere decisioni economiche, avesse una «scimmia sulla spalla»: questa scimmia rappresenta le nostre debolezze, che gli operatori di mercato hanno imparato a sfruttare da tempo immemorabile.

A causa di tali debolezze molte delle nostre scelte hanno ben poco a che fare con cio' che «vogliamo davvero», o, per dirla in altro modo, con cio' che ci fa bene.

Noi siamo perlopiu' inconsapevoli della scimmia sulla spalla.

Cosi', in assenza di freni al mercato, ci ritroviamo in un equilibrio economico in cui a dirigere la musica sono le scimmie sulla spalla [...] Siamo raggirabili perche' vogliamo ricambiare i doni e i favori ricevuti, perche' vogliamo essere gentili con le persone che ci piacciono, perche' non vogliamo disobbedire all'autorita', perche' tendiamo a seguire gli altri sui comportamenti da assumere, perche' vogliamo che le nostre decisioni abbiano un'intrinseca coerenza, e perche' non vogliamo rimetterci [...] a ciascuna di queste inclinazioni corrisponde una serie di comuni espedienti commerciali.

Naomi Klein - No logo - Bur (2010)

E' questo il vero significato dei marchi-stile-di-vita: ci si puo' trascorrere l'intera esistenza. E' questo il concetto chiave per comprendere non solo la sinergia ma anche il groviglio indistinto di legami tra settori e industrie.

La vendita al dettaglio invade il settore dell'intrattenimento, l'intrattenimento sconfina nelle vendite al dettaglio. Societa' di contenuti (come le case cinematografiche e editoriali) saltano sul carro della distribuzione; le reti di distribuzione e servizi (come le societa' telefoniche o Internet) entrano nei settori produttori di contenuti.

Nel frattempo, i divi stanno passando di prepotenza alla produzione, distribuzione, e, naturalmente, vendita al dettaglio.

David Harvey - Cronache anticapitaliste. Guida alla lotta di classe per il XXI secolo - Feltrinelli (2021)

Il consumismo compensativo e' stato visto dalle grandi aziende come una delle risposte alle alienazioni sperimentate nell'ambiente di lavoro.

Il presupposto del consumismo compensativo pero' e' che, in primo luogo, i consumatori abbiano una domanda efficace sufficiente, che abbiano abbastanza denaro e che possano quindi andare nei negozi e acquistare tutto quello che vogliono.

La risposta dei capitalisti non e' stata necessariamente quella di aumentare i salari, ma di abbassare il costo dei beni di consumo.

Mentre i salari rimanevano stagnanti, aumentava quello che si poteva acquistare con quei salari, grazie al calo generale dei costi dei beni di consumo (molti dei quali venivano prodotti in Cina).

Il benessere materiale delle classi lavoratrici poteva migliorare anche se il livello dei salari non cresceva.

Questo anche perche' i livelli dei salari individuali rimanevano uguali, ma i nuclei familiari avevano aumentato il proprio reddito grazie alle donne, entrate in gran numero a far parte della forza lavoro, in parte incentivate dagli allettamenti del consumismo e dalla proliferazione di tecnologie e servizi per la casa, in grado di economizzare il lavoro domestico [...]

Quanto e' stato soddisfacente il consumismo compensativo?

Tanto per cominciare, molti prodotti erano di scarsa qualita', e molti si sono resi subito inutilizzabili deteriorandosi. Il che risulta vantaggioso, perche' il capitale non vuole prodotti che durino molto a lungo, questo affinche' il mercato non si saturi.

Il consumismo compensativo ha significato la creazione di nuove mode, se possibile ogni giorno, e la produzione di oggetti non duraturi [...]

Le forme di consumismo iniziano a cambiare. Anziche' creare cose che durino a lungo e che soddisfino un particolare bisogno come coltelli, forchette e piatti e altri oggetti simili, si crea un'enorme industria che produce spettacoli [...]

Questo alimenta un mercato di consumo istantaneo, o di brevissimo termine.

Guardi un episodio su Netflix in un'ora ed e' tutto li', e' finito, quello e' il tuo consumo e poi passi all'ora successiva.

Si impone il consumismo del binge-watching, delle abbuffate di spettacoli e serie televisive.

Si impone la "reality tv", al punto che persino il telegiornale si trasforma in uno spettacolo di consumo, con conseguenze politiche disastrose.

Tutto il mondo del consumo cambia e si trasforma.

Ma non cambia in un modo che sia per forza piu' soddisfacente. Anche il consumismo compensativo puo' diventare alienante.

Zygmunt Bauman - Capitalismo parassitario - Laterza (2009)

Questa nostra societa' e' una societa' di consumatori e anche la cultura, come tutto il resto del mondo visto-e-vissuto dai consumatori, diventa un emporio di prodotti destinati al consumo, ciascuno dei quali si trova in concorrenza con gli altri per conquistare l'attenzione mutevole/vagante dei potenziali consumatori [...]

Se il mondo popolato di consumatori somiglia ormai a uno di quei grandi magazzini in cui si vende «tutto cio' che ti occorre e che riesci a sognare», la cultura si sta trasformando in uno dei suoi reparti.

Anche qui, come in altri reparti, gli scaffali sono stracolmi di merci e vengono riforniti quotidianamente, e le casse sono adornate dalla pubblicita' delle nuove offerte, destinata a sparire ben presto con le attrattive che promuove.

Sia le merci che i messaggi pubblicitari sono pensati per suscitare voglie e innescare desideri [...]

Diversamente dall'era della costruzione delle nazioni, la cultura liquido-moderna non ha «persone» da «coltivare», ma clienti da sedurre.

*Dopo la crisi finanziaria del 2007- 2008, dopo il crollo
economico e la crisi sociale seguita alla pandemia,
e' lecito affermare che il capitalismo neoliberista,
che da oltre quaranta anni domina l'economia
mondiale, sia giunto al capolinea?*

Christian Salmon - Fake. Come la politica mondiale ha divorato se stessa - Laterza (2020)

Agli inizi degli anni Ottanta la rivoluzione neoliberale scatenata da Margaret Thatcher nel Regno Unito e da Ronald Reagan negli Stati Uniti costitui' l'ultimo grande racconto "politico" del Novecento. Adottata dalle classi dirigenti occidentali, ispiro' le politiche applicate per diversi decenni in Europa e negli Stati Uniti.

Dal 2008 questo grande racconto non riesce piu' ad illudere, e i governanti sono condannati a gestire e a tenere sotto controllo un'opinione pubblica ribelle e resa consapevole dagli effetti concreti della crisi finanziaria.

La deregulation del mondo, di cui quella finanziaria non e' che un elemento, ha un suo prolungamento nel discredito delle istituzioni politiche.

In risposta ai problemi che si moltiplicano in tutti i campi – terrorismo e mobilitazione antiterroristica, catastrofe climatica, crisi migratoria, crisi del modello della sovranita' statale, rivoluzione digitale e comparsa di nuovi attori non statali con i GAFAM [Google, Apple, Facebook, Amazon, Microsoft] – si consolida uno storytelling della sfiducia e del discredito.

Mariana Mazzucato – Missione economia – Laterza (2021)

La crisi del Covid-19 ha rivelato anche la grande fragilita' del capitalismo.

Le persone che operano nell'ambito della cosiddetta gig economy, ossia l'economia del lavoro a chiamata, non hanno nessuna sicurezza.

I livelli elevati di indebitamento delle imprese – dovuti in parte alla necessita' di pagare i dividendi, riacquistare azioni proprie e aumentare indirettamente la retribuzione dei dirigenti – hanno privato molte aziende delle risorse con cui poter fronteggiare la situazione.

La strategia di affidarsi a catene di fornitura globali fragili per tagliare i costi e ridurre il potere contrattuale dei lavoratori in loco si e' rivelata un tallone d'Achille quando la pandemia ha interrotto la produzione a livello globale creando una concorrenza agguerrita anche per beni essenziali come le mascherine.

Alcuni governi, in particolare quelli del Regno Unito e degli Stati Uniti, erano andati verso un'esternalizzazione talmente spinta verso il settore privato e le societa' di consulenza che non sono stati in grado di gestire la crisi in modo adeguato [...]

Numerosi governi un tempo fautori dell'austerita' si sono improvvisamente orientati verso la spesa pubblica – indebitandosi e creando deficit di dimensioni tali che un tempo avrebbero causato un'apoplessia ideologica – nel tentativo di fare l'impossibile (il famoso whatever it takes) per tenere vive le rispettive economie nazionali.

Nel fuoco incrociato di un crollo della produzione unito al crollo della domanda – in gran parte indotti dallo Stato per domare il virus –, il modello economico e sociale Thatcher-Reagan ha fallito, e l'economia globale sta lottando contro una depressione storicamente gravissima.

Tony Judt - Guasto e' il mondo - Laterza (2012)

E' indiscutibile che la caduta del Muro di Berlino e il tracollo, come in un domino, degli Stati comunisti, dalle porte di Vienna alle rive del Pacifico, abbiano segnato una transizione importantissima che ha liberato milioni di uomini e donne da un'ideologia cupa e ormai superata e dalle istituzioni autoritarie che di quell'ideologia erano il prodotto. Ma nessuno potrebbe sostenere, con una qualche credibilita', che il comunismo sia stato rimpiazzato da un'era di idilliaca serenita'.

Non c'e' stata nessuna pace nella Iugoslavia postcomunista e pochissima democrazia in tutti gli Stati nati dallo scioglimento dell'Unione Sovietica. Quanto al libero mercato, di sicuro ha prosperato, ma non si sa bene a beneficio di chi. L'Occidente, soprattutto l'Europa e gli Stati Uniti, si e' fatto sfuggire un'opportunita', di quelle che si presentano una volta in un secolo, per riplasmare il mondo sulla base di istituzioni e pratiche internazionali concordate e migliorate.

Abbiamo preferito metterci seduti ad autocongratularci per aver vinto la guerra fredda: un metodo sicuro per perdere la pace.

Colin Crouch - Il potere dei giganti. Perche' la crisi non ha sconfitto il neoliberismo - Laterza (2014)

Perche' le banche si sono rivolte ai governi chiedendo di salvarle con somme di denaro ingenti, se gli stessi governi asseriscono di essere molto meno efficienti delle imprese sul mercato, e di dover ridurre al minimo i propri interventi sul mercato? E perche' i governi hanno accettato le richieste delle banche?

E' vero o no che le grandi banche sono "troppo grandi per fallire", e che quando hanno problemi i governi e i contribuenti devono correre in loro aiuto?

Se e' vero, non significa forse ammettere che il funzionamento del mercato va incontro a limiti molto seri, e che il neoliberismo vacilla nei suoi presupposti di fondo?

Michael Jacobs, Mariana Mazzucato - Ripensare il capitalismo - Laterza (2017)

A meta' del XX secolo si affermo' la convinzione che «l'alta marea solleva tutte le barche», cioe' che la crescita economica avrebbe portato maggiore ricchezza e un tenore di vita piu' alto per tutte le classi sociali.

All'epoca questa opinione era supportata dai dati: nei paesi indu- strializzati degli anni Cinquanta e Sessanta tutti i gruppi sociali progre- divano, e quelli con i redditi piu' bassi progredivano piu' in fretta.

Nel dibattito politico ed economico che ne segui', questa «teoria dell'alta marea» si sviluppo' in un'idea molto piu' specifica, che sosteneva che una politica economica regressiva (a favore delle classi piu' ricche) alla fine avrebbe favorito tutti: le risorse date ai ricchi sarebbero inevitabilmente «filtrate» (trickle down) al resto della popolazione.

E' importante chiarire che questa versione della vecchia «teoria del trickle down» non derivava dall'esperienza concreta del dopoguerra [...] Diversamente da quello che ipotizzava la teoria, l'alta marea ha fatto salire solo i grandi yacht, lasciando molte delle barche piu' piccole a infrangersi contro gli scogli, in parte perche' la straordinaria crescita dei redditi piu' alti ha coinciso con un rallentamento dell'economia.

Il concetto del trickle down (insieme alla sua giustificazione economica, la teoria della produttivita' marginale) va ripensato al più presto.

Laura Pennacchi - Democrazia economica. Dalla pandemia a un nuovo umanesimo - Castelvecchi (2021)

L'interrogazione sul capitalismo e' anche un'autointerrogazione che aveva gia' preso vita nei mesi precedenti all'arrivo del coronavirus. Nell'agosto 2019, l'America's Business Roundtable (associazione dei Ceo delle piu' grandi e potenti corporations americane) aveva lanciato sul «Washington Post» un manifesto proclamante l'abbandono della teoria della shareholders value (il primato della massimizzazione del valore per l'azionista, cardine del neoliberismo) e mercoledi' 18 settembre 2019 il «Financial Times» aveva intitolato cosi' a tutta pagina la sua copertina: Capitalism. Time for a Reset.

Nel gennaio del 2020, il Forum di Davos aveva inneggiato al «mai piu' profitti senza etica» e celebrato una narrazione per cui i problemi ambientali e sociali, con in testa quello della diseguaglianza, li avrebbero affrontati e risolti i capitali privati.

A esplosione della pandemia acclarata, il «Financial Times», che gia' di fronte alla crisi globale del 2007/2008 aveva dedicato una propria rubrica alla «crisi del capitalismo», intitola l'editoriale del 29 marzo 2020 "Virus puts responsible capitalism to the test" (il virus mette alla prova il capitalismo responsabile)

Jason Hickel - Siamo ancora in tempo. Come una nuova economia puo' salvare il pianeta - il Saggiatore (2021)

Per cinquecento anni il capitalismo ha fondato le sue fortune sull'estrazione di risorse dalla natura.

Ha sempre avuto bisogno di un «fuori», esterno a esso, da cui depredare valore senza pagare, senza offrire in cambio nulla di equivalente.

E' questo che alimenta la crescita. Imporre un limite all'estrazione e allo spreco di materiali sostanzialmente equivale ad ammazzare la gallina dalle uova d'oro [...]

Ogni volta che sembra esserci un conflitto fra ecologia e crescita, economisti e politici optano per quest'ultima e sperimentano modi sempre piu' creativi per indurre la realta' a conformarsi alla crescita [...]

Nessuna di queste persone si preoccupa mai di giustificare la propria premessa di fondo, cioe' l'assunto che continuare a espandere l'economia anno dopo anno, per sempre, sia necessario. E' una cosa che viene semplicemente recepita come un articolo di fede [...]

Ma se questo assunto fosse sbagliato?

Se i paesi ad alto reddito non avessero bisogno della crescita?

Se fosse possibile migliorare il benessere umano senza dovere per forza espandere l'economia?

Se fosse possibile generare tutte le innovazioni di cui abbiamo bisogno per una rapida transizione alle energie rinnovabili senza un solo dollaro di Pil in piu'?

Se invece di cercare disperatamente di disaccoppiare il Pil dall'uso di risorse ed energia fosse possibile disaccoppiare il progresso umano dal Pil?

Se riuscissimo a trovare una strada per liberare la nostra civilta', e il nostro pianeta, dai vincoli dell'imperativo della crescita.

George A. Akerlof, Robert J. Shiller - Ci prendono per fessi. L'economia della manipolazione e dell'inganno - Mondadori (2016) 88
Michele Alacevich, Anna Soci - Breve storia della disuguaglianza - Laterza (2019) 58,61,66,67
Pino Arlacchi - I padroni della finanza mondiale. Lo strapotere che ci minaccia e i contromovimenti che lo combattono- Chiarelettere (2018) 40,45,60
Stefano Azzara' - Il virus dell'occidente. Universalismo astratto e sovranismo particolarista di fronte allo stato di eccezione - Mimesis (2020) 21,30,63
Etienne Balibar - Al cuore della crisi - Castelvecchi (2020) 10
Pedro Banos - Cosi' si controlla il mondo - Rizzoli (2020) 60
Aldo Barba, Massimo Pivetti - La scomparsa della sinistra in Europa - Meltemi (2016) 11
Mauro Barberis - Come internet sta uccidendo la democrazia. Populismo digitale - Chiarelettere (2020) 27
Zygmunt Bauman - Dentro la globalizzazione. Le conseguenze sulle persone - Laterza (2007) 84
        - Capitalismo parassitario - Laterza (2009) 16,90
        - Retrotopia - Laterza (2017) 69,87
Andrea Boitani - L'illusione liberista. Critica dell'ideologia di mercato - Laterza (2021) 79
Luc Boltanski, Eve Chiapello - Il nuovo spirito del capitalismo - Mimesis (2014) 9,15
Carlo Calenda - Orizzonti selvaggi. Capire la paura e rotrovare il coraggio - Feltrinelli (2018) 10,23
Luciano Canfora, Gustavo Zagrebelsky - La maschera democratica dell'oligarchia - Laterza (2015) 46
Ha-Joon Chang-Economia. Istruzioni per l'uso-il Saggiatore (2016) 43
Noam Chomsky - Crisi di civilta'. Pandemia e capitalismo - Ponte alle Grazie (2020) 51
Colin Crouch - Postdemocrazia - Laterza (2004) 37
        - Il potere dei giganti. Perche' la crisi non ha sconfitto il neoliberismo - Laterza (2014) 92
        - Combattere la postdemocrazia - Laterza (2020) 42
Marco D'Eramo - Dominio. La guerra invisibile dei potenti contro i

sudditi - Feltrinelli (2020) 52,76

Ralf Dahrendorf - Dopo la crisi. Torniamo all'etica protestante? - Laterza (2015) 44

Henri De Grossouvre - Parigi, Berlino, Mosca. Geopolitica dell'indipendenza europea - Fazi (2004) 26,44,48

Alain Deneault - La mediocrazia - Neri Pozza (2017) 29,85

Pierluigi Fagan - Verso un mondo multipolare. Il gioco di tutti i giochi nell'era Trump - Fazi (2017) 56

Thomas Fazi - La battaglia contro l'Europa. Come un'elite ha preso in ostaggio un continente. E come possiamo riprendercelo - Fazi (2016) 25,47,50,54,72

Carlo Formenti - La variante populista. Lotta di classe nel neoliberismo - Derive Approdi (2016) 19,53,59

Paolo Gila - Capitalesimo. Il ritorno del feudalesimo nell'economia mondiale - Bollati Boringhieri (2013) 33,34,35,36,86,87

Jurgen Habermas - Oltre l'austerita'. Disputa sull'Europa - Castelvecchi (2020) 18

David Harvey – Breve storia del neoliberismo – il Saggiatore (2007) 17,23,24,35

- L'enigma del capitale e il prezzo della sua sopravvivenza - Feltrinelli (2011) 57,58

- Diciassette contraddizioni e la fine del capitalismo - Feltrinelli (2014) 33,55

David Harvey - Cronache anticapitaliste. Guida alla lotta di classe per il XXI secolo - Feltrinelli (2021) 13,32,65,78,86,88

Jason Hickel - Siamo ancora in tempo! Come una nuova economia puo' salvare il pianeta - il Saggiatore (2021) 76,78,80,82,94

Michael Jacobs, Mariana Mazzucato - Ripensare il capitalismo - Laterza (2017) 34,93

Prem Shankar Jha - Il caos prossimo venturo. Il capitalismo contemporaneo e la crisi delle nazioni - Neri Pozza (2015) 16,48

Tony Judt - Guasto e' il mondo - Laterza (2012) 92

- Quando i fatti (ci) cambiano. Saggi 1995-2010 - Laterza (2020) 26

Parag Khanna - Connectography. Le mappe del futuro ordine mondiale - Fazi (2016) 81

- Il movimento del mondo. Le forze che ci stanno sradicando e plasmeranno il destino dell'umanita' - Fazi (2021) 77

Naomi Klein - No logo - Bur (2010) 88

Lorenzo Marsili, Yanis Varoufakis - Il terzo spazio. Oltre establishment e populismo - Laterza (2017) 20,37,70,74

Paul Mason - Postcapitalismo. Una guida al nostro futuro - il Saggiatore (2016) 73

Mariana Mazzucato - Il valore di tutto - Laterza (2018) 9,39,46,56
      - Non sprechiamo questa crisi - Laterza (2020) 12
      – Missione economia – Laterza (2021) 91

Pankaj Mishra - L'eta' della rabbia - Mondadori (2018) 67,69,70

Tomaso Montanari - Privati del patrimonio - Einaudi (2015) 38

Laura Pennacchi - Democrazia economica. Dalla pandemia a un nuovo umanesimo - Castelvecchi (2021) 93

David Pilling - L'illusione della crescita. Perche' le nazioni possono essere ricche senza rinunciare alla felicita' - il Saggiatore (2019) 61

Robert B. Reich - Come salvare il capitalismo - Fazi (2015) 49,50

Christian Salmon - Fake. Come la politica mondiale ha divorato se stessa - Laterza (2020) 91

Nick Srniceck, Alex Williams - Inventare il futuro. Per un mondo senza lavoro - Produzioni Nero (2018) 18,20

Joseph E. Stiglitz - La grande frattura. La disuguaglianza e i modi per sconfiggerla - Einaudi (2016) 49,59,68
      - Invertire la rotta. Disuguaglianza e crescita economica - Laterza (2018) 62
      - Popolo, potere e profitti. Un capitalismo progressista in un'epoca di malcontento - Einaudi (2020) 41,72,74

Fareed Zakaria - Il mercato non basta. Dieci lezioni per il mondo dopo la pandemia - Feltrinelli (2021) 64

Jan Zielonka - Contro-rivoluzione. La disfatta dell'Europa liberale - Laterza (2018) 29,71

Slavoi Zizek - Dalla tragedia alla farsa. Ideologia della crisi e superamento del capitalismo - Ponte alle Grazie (2013) 53